知足院
正倉院
竜松院
竜蔵院
僧房跡
講堂跡
転害門
三ッ池
指図堂
大仏殿
廻廊
勧進所
中門跡
戒壇院
北
東
西
南
五百立山
西塔跡
北林院
地蔵院
正観院
西大門跡

U0043869

文●香取忠彥
插畫●穗積和夫
譯●李道道

奈良大佛

世界最大的鑄造佛

日本經典建築 08

審稿 蘇睿弼（東京大學建築學博士）

F. Hozumi/80

文・香取忠彥
插畫・穗積和夫
譯・李道道

奈良大佛

世界最大的鑄造佛

日本經典建築 08 審稿 蘇睿弼（東京大學建築學博士）

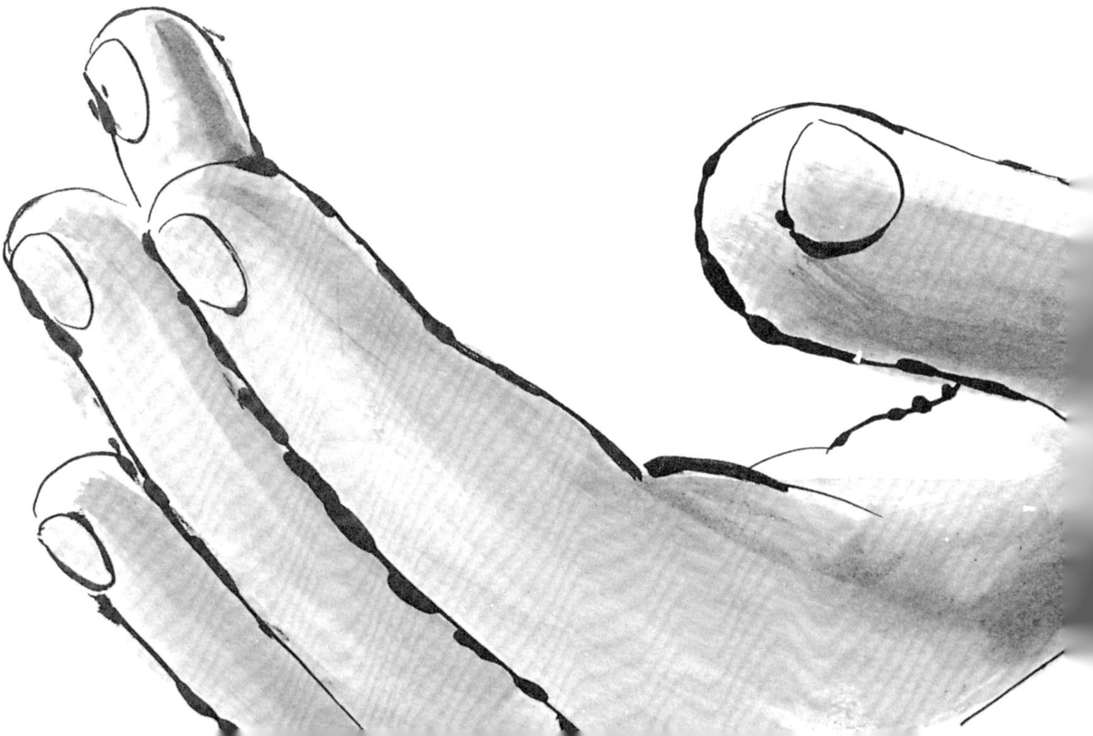

前言

穿越中國西部的塔克拉瑪干沙漠，繼續往西前行，就能到達昔稱「犍陀羅」（Gandhara）的區域，位於現在印度西北邊的巴基斯坦附近。大約西元一世紀前後，人類在這裡製作了有史以來第一尊佛像。那是一尊表現佛教創始者釋迦牟尼容姿的佛像，蜷曲的螺髮束起、臉龐的輪廓很深，是一尊自然而人性化的佛像。在此之前（西元前三二六年），犍陀羅曾遭受亞歷山大大帝領軍攻打，所以佛像的製作也受到當時盛行的希臘羅馬藝術風格所影響，這時期的當地雕刻就稱為「犍陀羅雕刻」。

大約同一時期，住在恆河流域中游附近的人們也開始製作佛像。當地佛像繼承了純粹印度藝術的傳統，因此稱為「秣菟羅（Mathura）雕刻」。

釋迦牟尼原本是西元前五世紀中期出生於喜馬拉雅山麓一個小國的王子，但是他捨棄了皇家優渥的生活，歷經漫長的苦練修行，終於找到真正能為眾生帶來幸福的真理，開悟而成為佛陀（佛，覺悟真理者），他所教誨的這些道理就成為佛教。釋迦牟尼教導眾生說：「人世間一切苦厄，都來自貪欲愛染之心，若要避苦得樂，必先消除愛欲之心，端正其行，端正其心。」

當釋迦牟尼於八十歲涅槃之後，眾弟子將釋迦牟尼的教誨和他所定的戒律（佛僧應遵守的紀律）整理成文字記錄下來，就成了佛教經典。釋迦牟尼的遺骨（舍利）也被安置在窣堵波（佛塔、舍利塔），受大眾頂禮膜拜。

當時的窣堵波是用泥土、磚塊、石頭等堆成圓形覆碗狀，在周圍的石牆和門上，雕刻釋迦牟尼的前世傳說（降生到人間之前的傳奇，稱為「本生故事」）、當世的釋迦牟尼行止（佛陀傳）等浮雕。但是還沒有釋迦牟尼的雕像，而是以法輪（是用車輪形狀來象徵佛教的弘揚）、台座、佛陀足跡（釋迦牟尼的腳印）、菩提樹等圖案來代表佛陀的存在。到了佛陀死後約五百年，才開始有佛像出現。可能是信眾之間的共識逐漸形成，覺得需要有釋迦牟尼的形象來膜拜，佛像也就因此而誕生了。

此外，在西元元年前後，佛教教團內部也產生新的

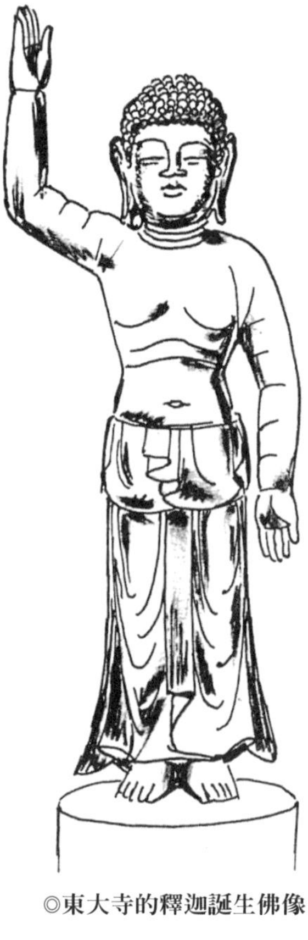

◎東大寺的釋迦誕生佛像

變化，之後對佛教的看法也有了不同的詮釋，這些變化也影響了日後佛像的發展。這種新興的佛教思想，認為除了釋迦牟尼之外，為了拯救世人，過去、現在、未來各世，也都有各佛（如來，開悟者）和菩薩（為成佛而持續修行者）的存在，例如藥師如來、阿彌陀如來、彌勒菩薩、觀音菩薩等；因此，廣泛信眾所膜拜的各種佛像也開始大量出現。

另一方面，一般認為佛陀形象應該特別尊貴，與凡夫俗子有所不同，因此佛像的外觀應具有各種特色（三十二相八十種好）。現在常見的佛像，頭頂中央部分高高隆起（稱為肉髻）、雙眉之間有白毫（清淨柔軟的白色毛髮，以圓印表示）等特徵就是因此而來的。

佛教在西元一世紀前後，經過中亞地區傳入中國，西元四世紀傳到朝鮮半島，西元六世紀傳至日本；佛像也經由如此遙遠的途徑，沿著絲路一路向東走了過來。

現在的阿富汗巴米揚峽谷附近，於西元四至五世紀時，切削整座石崖雕刻一座高度約五十三公尺的巨大佛像（巴米揚大佛已於西元二〇〇一年九月為阿富汗塔里班政權所摧毀——譯註）。此外，另一條途徑則經過天山山脈、崑崙山脈各山麓的中亞小城鎮，來到中國邊界的敦煌。在敦煌，從西元五世紀到十一世紀之間，建造了總數兩千多座的佛塑像（以木頭為骨架、覆上黏土為皮肉的塑像），其中包括了高達三十三公尺左右的大佛（西元七世紀）。

大量的佛教經典也在中國翻譯成中文，佛教成為一門學問，其鑽研也逐漸深入透徹。到了西元五世紀下半葉，雲岡一地建造了大約十四公尺高的大佛石像。西元七世紀後半，在更接近日本的龍門（洛陽郊外），也出現了大約十三公尺高的大佛石像。

佛教傳來日本的歷史始於西元六世紀中葉，當時百濟的聖明王送給日本天皇佛像和經典，佛教從此渡海傳播到日本，當時日本還是東亞邊境一個名不見經傳的島國。首次接觸異國佛像時，日本百姓都非常驚訝而不知所措，然而雙手合什對佛像膜拜後，自然產生莊嚴之心，心境也不知不覺溫馨祥和了起來。這樣的體驗一點一滴的吸引著日本人，佛教也逐漸在此落地生根。

到了西元八世紀，在日本天平時代的奈良，也建造了跟龍門奉先寺同樣的盧舍那佛大佛像。這是一尊高約十六公尺的銅鑄大佛像，後來這尊大佛受戰火牽連而受損，曾經數度修復。現在的奈良大佛則是江戶時代重鑄的，只有台座的蓮花瓣等還留存著天平時代的樣貌。

即使如此，一千二百年前天平時代的人們究竟如何製作大佛，仍然是我們很好奇而關心的問題。本書就以圖文呈現方式，來推敲、回溯這尊現在幾已成幻影的天平大佛，重建大佛鑄造時的模樣。

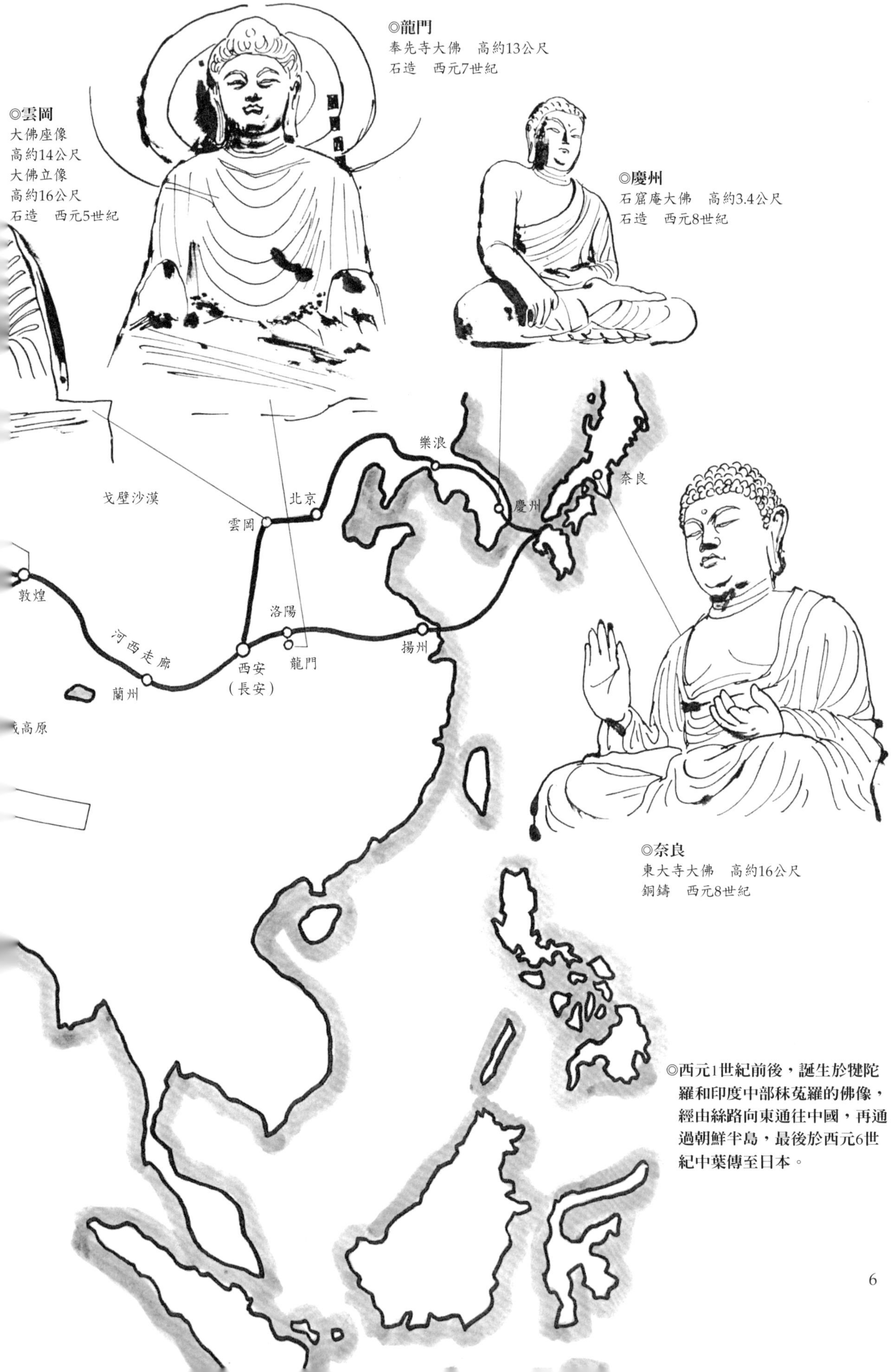

◎西元1世紀前後，誕生於犍陀羅和印度中部秣菟羅的佛像，經由絲路向東通往中國，再通過朝鮮半島，最後於西元6世紀中葉傳至日本。

◎**巴米揚**
東側大佛　高約38公尺
西側大佛　高約53公尺
石造　西元4~5世紀

◎**敦煌**
塑造的佛像　兩千多尊
西元5~11世紀
北側大佛　高約33公尺
南側大佛　高約26公尺
西元7~8世紀

◎**犍陀羅**
佛像　高約78公分
石造　西元2~3世紀

◎**秣菟羅**
佛像　高約70公分
砂岩　西元2世紀

◎**鹿野苑**
佛像　高約1.5公尺
砂岩　西元5世紀

一千二百年前的平城京（奈良）是個宏偉繁華的京城，東西寬五・九公里，南北長四・八公里，人口估計約有二十萬人，街道上不分晝夜都來往著熙熙攘攘的人群，市場裡更是終日熱鬧非常。

朝廷派遣留學生和僧侶到中國學習新知和新技術，全國置身在燃燒著年輕旺盛熱情的時代。西元七二九年，年號改為天平，聖武天皇的妃子安宿媛（藤原不比等的女兒）也即位成為皇后（光明皇后）。在和歌《萬葉集》中，甚至有「丹青色的京城奈良，如繁花盛開般香氣襲人」之詞，吟詠平城京的繁盛。

但即使如此繁華的天平時代，也並不是完全平穩無事的，接二連三發生了許多天災地變，以及其後引發的飢饉，加上流行於九州的天花也蔓延到京城來，犧牲者多得無法計算，甚至連光明皇后的長兄左大臣藤原武智麻呂，以及藤原房前、藤原宇合、藤原麻呂等藤原氏的重要人物，都不幸被病魔擊倒（天平九年，西元七三七年），因此後來不得不改由橘諸兄掌理政權。

然而不論京城或地方，政權更迭後，各地仍然盜賊充斥，妖言惑眾者也層出不窮。天平十二年（西元七四〇年），九州大宰府發生了藤原廣嗣（宇合的長男）叛亂事件，政局震盪不安，陷入前所未有的緊急狀況。就在此時，聖武天皇離開平城京前往東國，即使在混亂平定之後也不肯回來，就地在一山之隔的木津川附近另行建造恭仁京作為首都（天平十三年，西元七四一年）。

人心惶惑不安，想要尋求心靈的寄託。聖武天皇因此決定依靠佛教來平定天下的混

亂，將民心導向正途。於是下令：「全國人民皆應拜佛。如此，日本不但國家能夠繁榮，民眾的心靈也能平安祥和。」他向諸小國（當時日本國內分成六十二個小國）發出了推廣佛教的詔書，規定每個國家都要建造佛像和七重寶塔，並且抄寫《法華經》等佛教經典（俗稱「寫經」）。結果，多年來的天災地變，竟轉而變得風調雨順，農作物也終於有了難得的豐收。

天平十三年，聖武天皇又下令建造國分寺。國分寺是依據《金光明最勝王經》而建造的，除了祈願國泰民安之外，也包含了在政治上運用宗教力量的想法，這樣的例子在中國隋唐時代也很常見。這部經典所說的法，主要就是鎮亂息災、保護國家不受外敵和災難的侵害。

不僅如此，聖武天皇也決心興建大佛像。

天平十二年（西元七四〇年）二月某日，聖武天皇行經河內國（大阪）的知識寺時，在此遇見了一尊盧舍那佛像。盧舍那佛原名是「毘盧舍那佛」，具有光明遍照的意義。毘盧舍那佛曾將釋迦牟尼比喻為太陽，因為在《華嚴經》中詳加說明：即使釋迦牟尼佛肉身不在，他的教誨也不會消滅，永遠都能照耀世界，甚至整個宇宙。

聖武天皇深深被知識寺的盧舍那佛的莊嚴尊貴形象所打動，於是他下定了決心：「既然是能夠將宇宙所有角落遍照無遺的佛，佛像當然也是越大越好。我們要用銅來鑄造氣勢雄偉不下於唐國的大佛像，建一尊能留給日本後世的鎮國佛像！」

當時已經預料得到，建立巨大佛像將會是日本開國以來最浩大的一項工程，於是，聖武天皇極力呼籲全國人民參加建造大佛的工程。

在佛教中，建造寺廟佛像時，能貢獻金錢、物品、提供勞動服務等，有志一同為發揚佛教而不遺餘力的人，通常稱為「善知識」。在建造大佛時，善知識的力量是不可或缺的。河內的知識寺，是從朝鮮半島渡海而來者和其子孫等「善知識」所完成的寺廟，天皇對他們宣揚佛教的熱誠表示感動。

天皇為此曾說：「動用國家的預算來建造大佛，可能並不會太困難，但是如此一來就失去了敬佛的意義。若能全民貢獻心力來共同建造，就能獲得佛陀的加持而使國泰民安。請大家仔細思考：如能每天禮拜盧舍那佛三次、自主自動參與製

作大佛，即使只是提供一枝草、搬運一杯土，只要是自己願意積極參與的人，都要讓他們能夠有機會參加製作大佛的行列。但國司和郡司等官吏，決不可為此營造工程而壓迫百姓的生活。」

天皇也相信人民虔誠的信仰可為國家帶來繁榮，因此他說：「應盡量蒐集全國的銅，全部用來製作盧舍那大佛像，還要剷平大山來建造佛殿。」表明他企圖將現世的社會提高到宗教層次的崇高心願。這紙「建立大佛之詔書」是天皇在天平十五年（西元七四三年）十月十五日，於恭仁京東北方的紫香樂宮所頒布的。

建造大佛像的作業馬上在紫香樂（信樂）的甲賀寺急速展開，翌年就進展到豎立大佛骨柱（作為骨架的柱子）的程度。但是，因為附近山林時常發生火災、盜賊頻仍，人心無法安定，最後只好放棄該地，將首都重新遷回奈良（天平十七年八月，西元七四五年）。而大佛的建設工程也移到奈良的山金里（現在的東大寺）重新展開。

在那個時候，人們必須以米穀、物產（絲綢、鹽、魚等）替代稅金，繳納給國家。此外，男性也負有在規定的時期服勞役的義務，人民必須提供勞力去從事政府的建設工程。這些雖然都是國家的經濟等事務不可或缺的支柱，但對百姓而言實在是很沉重的負擔，一旦發生災害，就會讓許多人民缺乏糧食，更談不上繳納稅金；因此，很多失去希望的人甚至離家去流浪。

這時一位有名的高僧名叫「行基」，行基和尚對這些失去希望的民眾伸出援手，不但傳布佛法教化百姓，而且還造橋鋪路、挖掘水池或水溝，因此很受百姓仰慕愛戴。

當時的佛教完全處在政府的嚴格管制之下，不但出家當和尚尼姑需要政府的許可書，僧尼也禁止隨便在寺院外活動；因此，聚集民眾廣說佛法的行基和尚被視為行為詭異之人，還被國家辱罵為「小僧行基」（養老元年，西元七一七年）。這是因為當時的佛教是用來守護國家之物，尚未能成為日後屬於平民百姓的宗教。

即使如此，行基和尚擁有優秀的土木

技術，以及號召群眾的魅力，這些卻不是朝廷所能夠長期忽視的，因此，天平三年（西元七三一年）還是正式承認了行基和尚的法師地位。天皇建立大佛的詔書一下達，行基法師就立即率領弟子站出來，呼籲大家捐獻金錢物品、參加建設大佛的行列。天平十七年（西元七四五年），建造大佛的工程遷移到奈良時，行基法師也受任命為大僧正。

行基的一位師父道昭和尚，曾被選為遣唐使，於白雉四年（西元六五三年）渡海去大唐留學，在玄奘法師（唐代名僧，後來成為小說《西遊記》中的主人翁）門下接受法師的親自教誨。想必玄奘法師曾經對道昭述說他在前往印度途中所拜見的大佛吧，而道昭歸國之後，應該又會將這些話轉述給行基等弟子聆聽。行基和尚之所以非常積極地協助建造大佛，或許有部分原因是緣於玄奘法師遇見大佛的故事深印在他的心底呢！

另一方面，東大寺的前身金鐘寺，肇建者是名為良弁的僧人，他也為建造大佛盡了許多心力，據說他是當時非常受聖武天皇信賴的一位高僧。

◎**深大寺釋迦如來像**
白鳳時代　金銅
如來像高約60公分

◎**中宮寺彌勒菩薩像**
飛鳥時代　木雕
菩薩像高約88公分

◎**法隆寺百濟觀音像**
飛鳥時代　木雕
觀音像高約210公分

◎**法隆寺金堂釋迦三尊像**
飛鳥時代　金銅
釋迦牟尼像高約87公分

於此同時，決定大佛顏面容貌、尺寸、大小等整體形象的具體準備工作，也在加緊進行中。

日本從開始製作佛像以來，到當時已有將近兩百年的歷史，但其間佛像的表現手法，都是在中國和朝鮮半島的影響下發展出來的。跟同一時代的日本政治文化等方面一樣，都是以中國大陸為模仿範本，所以實際擔任佛像製作的工匠，大概也多半是從大陸移民至日本居住的佛師（製作佛像的師傅），或者是這些佛師的弟子。因此，很早就能夠製作具有高度藝術表現的佛像。

飛鳥時代初期（西元五五二～六四五年）的作品中，最有名的代表作是法隆寺金堂的釋迦三尊像（推古天皇三十一年，西元六二三年），這是由止利佛師以及同門派的人模仿中國北魏樣式的作品，臉部神情比較剛正嚴肅。但是即使是同一時期的作品，例如法隆寺的百濟觀音，仿效的卻是中國江南的作風，臉部表情比較慈祥柔和。

到了西元七世紀後半（奈良前期，又稱白鳳時期，西元六四六～七〇九年），受到北朝的齊、周、隋的佛像式樣所影響，嚴肅的表情逐漸消失，菩薩像的衣飾也變得繁複（不同於身上只披掛素布的如來像，菩薩像所表現的釋迦牟尼是王子修行中的形象，故常為菩薩像裝飾珠寶頭冠等飾品）。

其後的天武、持統朝（西元六七二～六九七年），佛像的肉身表現更加寫實，身體較為渾圓、衣服也變得輕薄，佛身具有自由的流動感，曲線也柔和了起來。這是中國初唐受印度笈多王朝（西元六世紀）所影響的雕刻式樣傳入日本的緣故，藥師寺的藥師三尊像，是該特色最佳的詮釋。

如此寫實的傾向持續進展到製作奈良大佛的天平時

◎東大寺不空羂索觀音像
天平時代　乾漆
觀音像高約362公分

◎藥師寺金堂藥師三尊像
白鳳時代　金銅
藥師像高約255公分

◎法隆寺夢違觀音像
白鳳時代　金銅
觀音像高約87公分

代（奈良盛期，西元七一〇～七九三年）。以中國唐朝為範本的文化，在日本奈良當地開花結果，終於攀登上藝術表現的頂點。從飛鳥時代以來，一點一滴培養出來的日本文化傳承，也和來自大陸的影響相融合，使得佛像的容顏和身體更加豐富而人性化。

另一方面，從材料的角度來看佛像，飛鳥時代到奈良時代的主流都是金銅佛像（以青銅鑄造，表面幾乎都以鍍金加工）。雖然也有木雕佛像，但木雕的興起主要是在平安時代以後才開始的。奈良時代最多的還是塑像和乾漆（以木為心、麻布為體，最後以木屑粉末混入麥漆作成表面的皮肉）的佛像。

由於期望奈良大佛能長久保存，最後選用金銅製作。沒選擇如同中國一般的石造佛像的原因，主要是因為在日本奈良附近找不到夠大的石窟。

此外，也確定了佛像的高度，要製作高度為「丈六佛」十倍的大佛像。丈六的尺寸是來自傳說中釋迦的身高為一丈六尺（大約等於四・八公尺）的說法。較具規模的大寺廟供奉的本尊（最中心的佛像）尺寸，大致上都是一丈六尺（事實上大部分是高度大約只有一半的座像，所以是八尺，也就是二・四公尺高）。這種尺寸大小的佛像稱為丈六佛，比丈六佛更大的佛像就稱為大佛。

在《華嚴經》中，「十」這個數字表示無限大，因此將奈良大佛的高度定為丈六佛的十倍。天平時代一般所使用的是唐尺（一尺約等於現在的九寸七分＝二九・六公分）；但是在製作大型佛像的時代，民間也常使用古代的周尺（一尺約等於現在的六寸四分＝十九・九公分）。奈良大佛所用的應該也是這種周尺，故所謂的一丈六尺乘以十倍就是十六丈（約三十二公尺）的佛像，因為也是製作高度只有一半的座像，所以決定了奈良大佛的高度為八丈（大約十六公尺）。

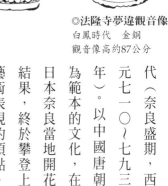

天平時代因為各地不斷在興建寺廟，也非常盛行製作佛像，當然也就培養出許多優秀的佛師。但這次要製作的是十六公尺高的金銅佛像，面對的問題跟一般的佛像完全不同，即使是經驗豐富的佛師也覺得非常棘手。

根據中國史書的記載，北魏獻文帝天安元年（西元四六六年），曾有鑄造高達四丈三尺（約十三公尺）大佛銅像的紀錄。另外，雖然詳情記載並不十分完整，但傳說唐朝女皇武則天也曾在西元六八三年製作過巨大的金銅佛像。可見當時在中國大陸製作大型金銅佛像的技術應該已經成熟了。不過在日本這還是頭一次嘗試製造大佛，佛師會感到困惑也是理所當然的。

就在多位佛師不知所措的時候，國君麻呂（即後來的國中連公麻呂）挺身而出，他說：「我知道一個好辦法」。國君麻呂是在祖父那一代，為避戰禍從百濟渡海而來的家族。他由祖父和父親口中得知建造大型佛像的方法，不僅是他，那個時代，許多擁有優秀技術能力的人們渡海而來，在日本社會中非常活躍。

於是，國君麻呂立即著手用全副心力描繪大佛的畫像。他畫的想必也正是聖武天皇心目中的大佛形象：圓潤豐滿的臉頰、颯爽分明的眼鼻、身體也相當圓潤，除了具有寫實性和毅然的風範之外，天平大佛一定也具有獨特的明朗風格吧。

國君麻呂依照心目中的形象，畫了許多設計圖，接著又製作了大小不等的雛型（模型）。之後，國君麻呂擔任雕刻的總監督，成為製作大佛工程的靈魂人物，肩負整個工程技術指導的重任。

◎畫匠

◎寫經生（抄經生）

◎僧侶

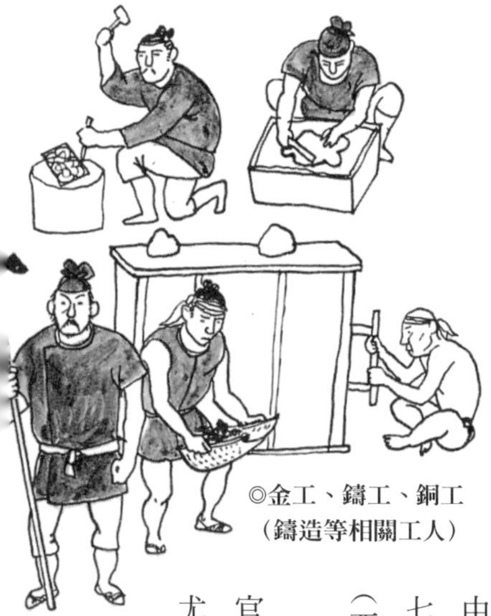
◎金工、鑄工、銅工（鑄造等相關工人）

◎佛工

◎役人（官員）

從前，朝廷要建造寺廟的時候，每次都要設立稱為「造寺司」的臨時役所。為了能夠正確無誤地管理佛像和寺院的建設經費，而且適當地分配工作人員和物資、增進作業效率等，的確是需要一個良好的組織。到了這個時代，朝廷的力量也逐漸強大，企畫大型事業、編組能夠實踐具體目標的組織等工作，也比較能夠順利進行。

不過，製作大佛這樣的工程，基本上是民間「善知識」主導的營造工程，所以一開始就有意不設置造寺司這樣大型的組織。建造大佛的地點從紫香樂移到奈良之後，初期是由東大寺前身的金光明寺（金鐘寺）附屬的造物所（造佛所）負責造寺司的工作，隸屬於皇后宮職（管理太皇太后、皇太后、皇后事務的機關）所管轄。

天平二十年（西元七四八年）造物所改組，成為「造東大寺司」，此時官方寺院的色彩逐漸濃厚，已不再由善知識主導。造東大寺司此後於天平勝寶年間（西元七四九～七五七年）更加擴大充實，並持續到延曆八年（西元七八九年）才撤廢。

造東大寺司的最高負責人稱為長官，其下設有次官、判官、主典，任職的都是具有才幹的役人（官員），尤其是一位名為佐伯宿禰今毛人的官員，更因充分發揮了聰明才智和靈活手腕而聞名。

◎搬土工

◎磚瓦工

◎木工

◎其他作業員

◎刻石工

◎山上的木工（伐木工）

技術勞工（工人）和作業員，屬於造東大寺司的所（支所）管轄。「所」又分為造佛所、鑄造所、木工所、造瓦所、寫經所、山作所（在山上處理木材的作業所）等不同組織，分別設有事務官來監督管理工人和作業員。並且也以熟練的工人為現場負責人，監管一些生手屬下，跟現代化的公司工廠同樣具有進步成熟的組織。工人也細分為佛工、畫工、金工、鑄工、銅工、木工、瓦工、石工、土工等專門的職工，整體的分工合作制度也相當完備。

此外，工人又分成司工和雇工兩類，司工隸屬於造東大寺司，就是所謂的公務員，而雇工則是從民間招集來的臨時工。工人帶著自己用慣的工具來工作。因為是如此龐大的國家工程，當時一定聚集了許多技術一流的工匠，但更多的是沒有特殊技能的一般勞工。服勞役代替繳稅的壯丁、雇用的傭工和女傭、志願付出勞力的善知識，做的都是比較單純的工作。

技術工當中，立下特殊功績和國君麻呂一起留名青史，姓名有幸記載於古文書『大佛殿碑文』的有：大鑄師高市真國、高市真磨、鑄師柿本男玉、大木工豬部百世、小木工益田繩手。高市真國等鑄造師傅，大概是負責指導工人將銅液倒入模型鑄造大佛的核心作業；而豬部百世和益田繩手則是負責建造安置大佛的大佛殿。

為了要製作完成後重達三百八十噸的大佛，製作過程所需物資材料的數量相當驚人，包括礦石和用來鎔鍊金屬所需的炭、建築大佛殿以及佛塔的木材等等。奈良盆地四周山地圍繞，將材料搬到工地並非易事。雖然當時已有道路通到諸國境內，但是經由陸路一次所能搬運的量極為有限，大宗物資還是需要依賴水路運輸。

幸而有一條木津川流經奈良北側比較低矮的山間。木津川的源頭在伊賀山脈，而且又與支流淀川、宇治川匯流，構成四通八達的水脈。來自北陸的材料，先送到琵琶湖，再用船運進入瀨田川，順宇治川而下，然後進入木津川溯流而上。而從田上山、甲賀等山區砍伐的木材，也流經同樣的途徑運抵。位於瀨田川入口的石山寺，就成為這些物資的集散中心。

一部分的木材從伊賀山上的伐木區砍伐下來，先捆成木筏，由扛木筏的工人搬到河岸，從木津川順流而下，集聚於木津。另外來自東國、西國的木材則經由海運進入大阪灣，再溯淀川、木津川送抵。

木津川的岸邊建造停泊船隻的埠頭，沿岸建築一棟棟倉庫，搬運材料貨物的工人吆喝的聲音，一定讓這附近從早到晚活力蓬勃。「津」這個字原本就是港口的意思，「木津」的地名顯然表示這裡是木材上岸的港口。

貨物從木津上岸之後，必須經由陸路搬運，有的用馬馱載，或用牛拉車、人力車等方法搬運，越過稱為「奈良坂」的山坡，才能到奈良。而更大、更重的貨物，大概要使用木橇（修羅）才搬得動。在「奈良坂」附近也林立著許多暫時保管物資的小屋。

搬運的工作主要是由排筏工以及專門的工人承包，要是貨物受損，他們還得負責賠償，所以每個人都得很精通搬運的各種訣竅。

建造東大寺和大佛的新地點，選在平城京東北角外側，三笠山的山麓。因為從木津越過奈良坂的道路正通過這附近，搬運資材更加便利。新地點也位於聖武天皇所居住的平城宮東邊不遠處，輕易就能到達，占盡地利之便。

製作大佛需要非常寬廣的用地，而且，還需要大量泥土作為鑄佛時的支撐鷹架之基礎（這部分稍後會詳加敘述）；因此選擇了這片有斜坡的土地，可以將山丘邊坡的傾斜部分削平，用削下的土填平山谷之間的凹地，如此不但能有平坦的用地，也有充足的土作為支撐鷹架的基礎土方。

因此就決定在此削山丘填谷地的地面上建造大佛，這也正符合了聖武天皇在詔書中「削平山丘、建構佛殿」的指示內容。

接下來，馬上展開整地的土木工程。在山丘斜面上削下大量的泥土，工地現場到處都是搬運土石的工人。木工為了建造作業所、資材庫房、宿舍等設施也忙得不可開交。此外，事務官也為了清點不

斷搬運進來的物資、指揮來自全國各地的工人作業，每天都忙得不可開交。

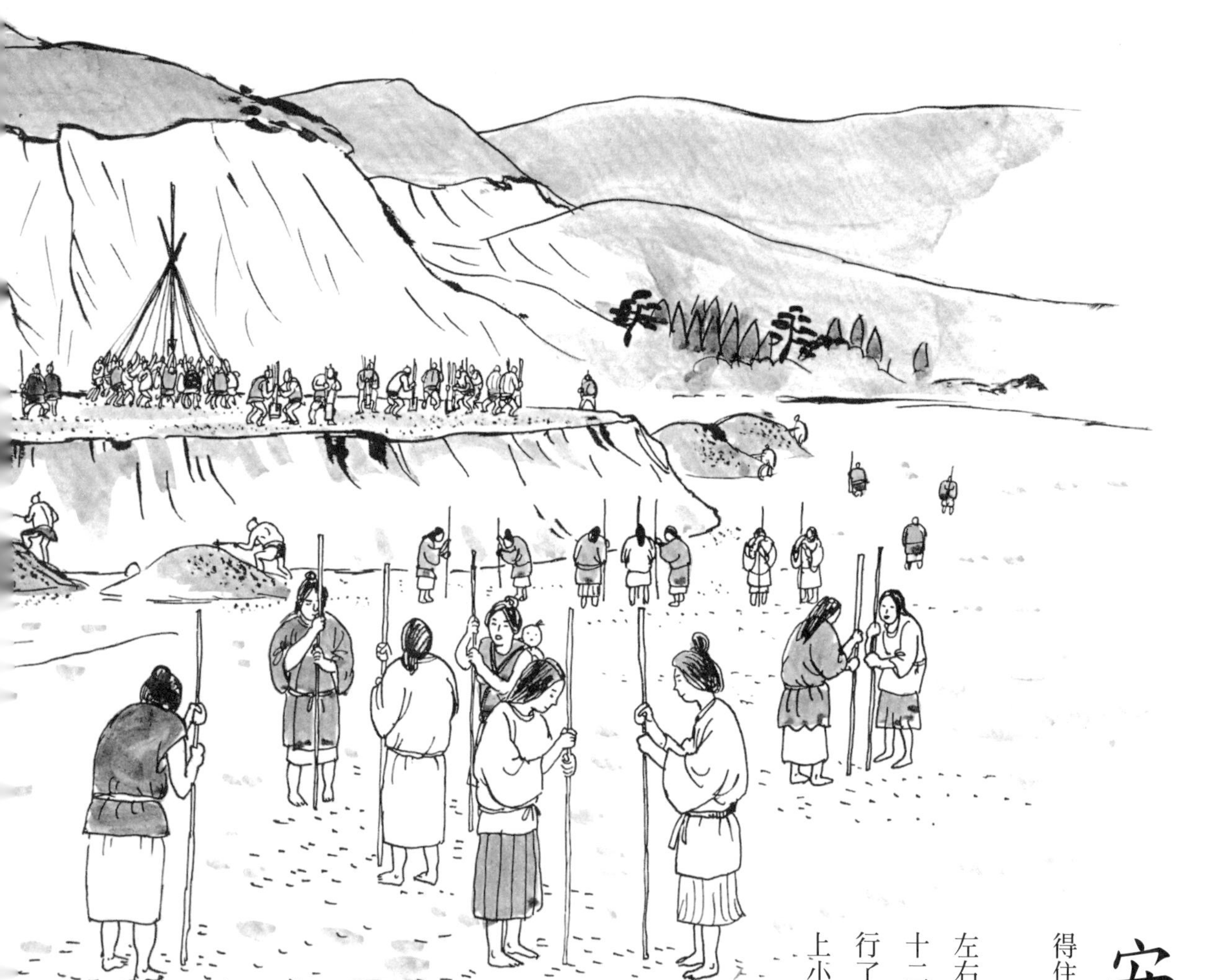

安置大佛這樣重量可觀的金銅佛像，基礎工程絕對不能忽視。地盤基礎一定要十分穩固，才能支撐得住大佛的重量而不至於傾斜下陷。

例如，在稍晚的中國北宋開寶四年（西元九七一年）左右，在龍興寺建造了高七丈三尺（約二十二公尺）、四十二隻手臂的銅鑄佛像，根據當時的記載，底座基礎進行了如下的工程：首先在地面挖掘深洞，洞底最下層鋪上小礫石，小礫石上覆蓋土石，上面再層層交疊並壓實石灰和泥土，直到距離地表六尺（約一．八公尺）處，留下邊長各四丈（約十二公尺）的方坑，在坑內先用鐵條鐵管組成如建築物鋼筋般的骨架，再倒入鍊熔的鐵漿，安置佛像的地基才算完成。

天平寶字二年（西元七五八年）建造的東大寺大佛殿四大天王像之一的多聞天王（高四丈，約十二公尺的立姿塑像），根據承和五年（西元八三八年）整修的紀錄（《東南院文書》），可知當時曾在佛像底部加裝銅管，使其延伸至地下一丈二尺（三．六公尺），與基礎的井字交叉支架組合在一起，用來支撐佛像。從這些例子可以看出，要支撐巨大的佛像，底座下的地基必須十分穩固，工程也必定相當浩大。

大刀

玉　蟬形花紋的鎮（鎖頭）　銅鏡　小壺

◎明治時代挖掘出土的一部分鎮壇具

首先，預定安置大佛的地點周邊，整個地面都要向下挖掘很寬闊的大坑洞，在底部鋪墊小圓石後，重力搥搗使圓石層緊固，再在其上重複交疊鋪設黏土層和砂石層，同時搗實，如此層層搥搗成為堅固的地基。這種「版築」的方法是由中國傳來的，常用於寺院建築的地基等工程中。

基礎工程完成後，天平十七年（西元七四五年）八月二十三日舉行了「鎮地祭」，鎮地祭是祭祀土地神，祈求大佛和東大寺能永久香火鼎盛的祭典，先由聖武天皇將土放入衣袖中帶進工地，接著是光明皇后以及文武百官、女官等人，也都陸續帶入土石、搥搗大佛底座下的土地（座），祈禱工程能順利完成。

此時將金銀、七寶、水晶、玻璃、大刀、鏡子、玉等寶物埋入大佛座下，祈祝大佛和寺院的安泰，這些寶物稱為「鎮壇具」。明治四十年（西元一九〇七年），在大佛的座下發現了一部分鎮壇具。值得注意的是，出土文物中竟然還包含了一些古墳時代埋葬於古墳中的鏡子、大刀、玉等珍寶。

A 鑄銅矛的石製鑄模

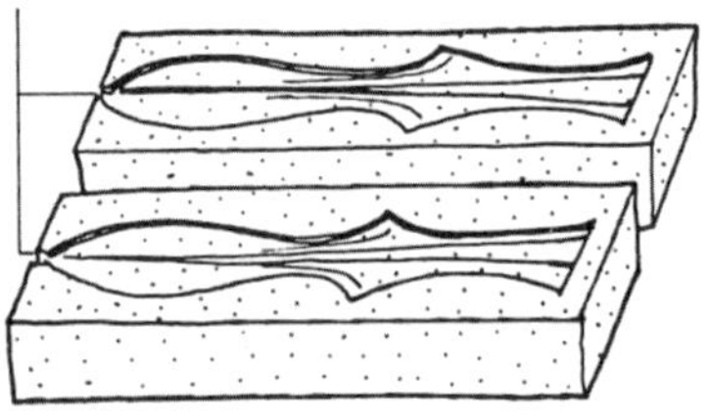

在石材上雕刻內凹銅矛的半邊，將兩塊半邊的石模合起，由澆口倒入銅液

製作金銅佛像的方法大致是先做出「鑄模」，然後將銅鎔化成銅液，澆灌入鑄模內等待冷卻凝固。從古至今這樣的製作方法基本上都是大同小異的。

日本人直到彌生時代（西元前三～西元二世紀前後）才學會這種鑄造器物的技術，之前受中國大陸的金屬文化影響，能夠製造簡單的銅劍、銅矛、銅鐸，當時所用的鑄模稱為「惣型」。其製作方法若以拳狀物為例，就是握拳在砂土上壓出拳狀凹痕，等凹下部分乾燥後澆進鎔化的銅液，就能作出銅的拳頭。這是非常原始的方法，不過卻能充分顯現鑄銅技術的本質。例如銅矛也同樣可利用「惣型」的原理，使用石製的鑄模來鑄造（圖A）。

以「惣型」製作中空（內部為空的）銅器時，用的是下述的方法：分別製作外模（母模）以及比外模小一圈的內模（公模），兩者之間的差就是銅器的厚度，使鑄模會接觸到銅液的表面部分乾燥，外模和內模結合後，將鎔化的銅液澆入其間的空隙，當時的銅鐸就是以這樣的方法製作的。較早時代的銅鐸使用的是石製鑄模，後期的銅鐸用的則是泥土鑄模（圖B）。

由A、B兩圖可見，銅矛、銅鐸等用「惣型」鑄造的銅器，其二大特徵：一為不需要原型而直接用鑄模來製作；二為將會接觸銅液的表面以火加熱，使之乾燥。「惣型」的特徵，和現代所用的「雛型」（嵌入型）鑄造法完全不同。

使用雛型是比較近代才發展出來的方法，特徵是：利用原型印在外模上製作鑄模，鑄模整體以火完全烤乾以去除濕氣（圖C）。這種方法能將原型完整的保留下來，還能再度利用，鑄造出跟原型相同形狀的作品。

鑄模的原理大致區分為「惣型」和「雛型」兩種。實際製作的時候，依照鑄造物不同的形狀和材質，持續嘗試不同的鑄模技術，因此也推動了鑄造技術的進步。

古代日本雖然主要是用「惣型」鑄造的方法，但金銅佛像則大多以脫蠟法製造。所謂脫蠟法是以蜜蠟（從蜂窩取出的蠟摻入松脂或油脂以增加黏性）製作蠟模原型的方法。也有一些是使用圖D的內模方法來製作。這是在原型表面插入支釘（插銷）固定住內模，鑄造完成後拔掉，再用同樣的金屬填滿支釘留下的孔洞。蠟模原型雖能將花紋纖細的部位表現得更完美細緻，但一次只能鑄出一個獨一無二的作品，是這個方法的特徵。

可是，像奈良大佛這麼大的銅佛，要用脫蠟法而不分段製作，幾乎是不可能的任務，而且蜜蠟是非常昂貴的材料，要蒐集足以製作大佛的大量蜜蠟更是不容易。那麼，國君麻呂到底用什麼方法來鑄造奈良大佛呢？

B 以「惣型」製作銅鐸的方法

1

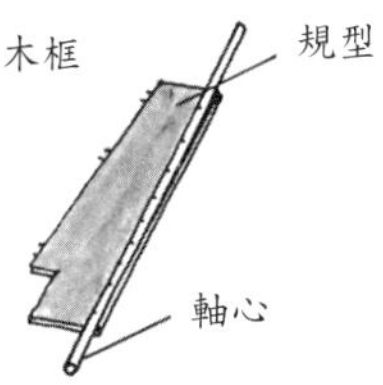

用木片作成銅鐸半個縱切面的規型

2

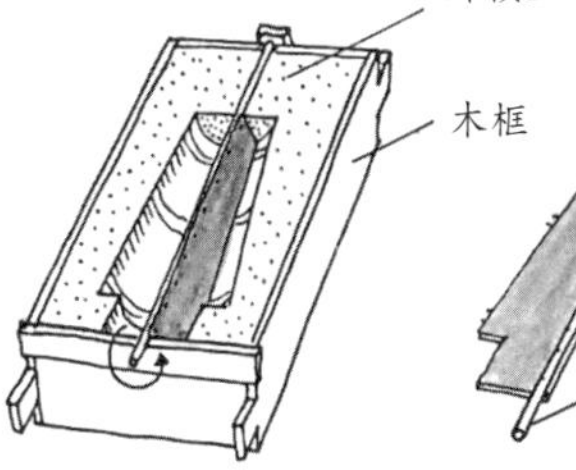

在木箱裡填滿壓實的外模土，用規型繞軸心，旋轉刮下半邊的銅鐸外形，作成外模（母模）

3

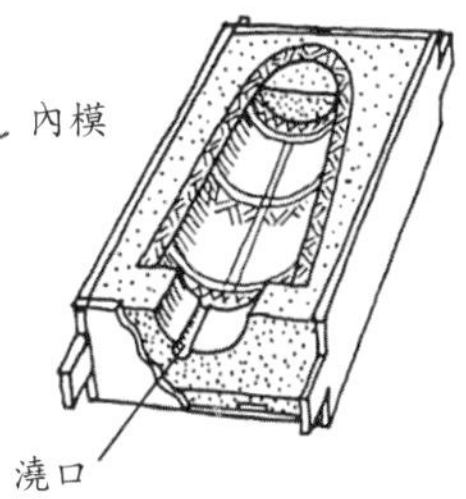

用木片在外模上雕刻花紋。製作左右兩個這樣的外模，燒烤內側表面

4

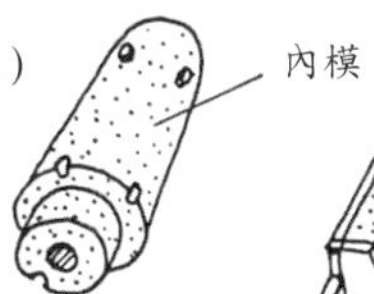

將內模土填入左右兩個外模裡面，結合後壓緊，製成內模，脫模後依照想鑄作的厚度將內模表面削去一層，再進行乾燥即成內模

5

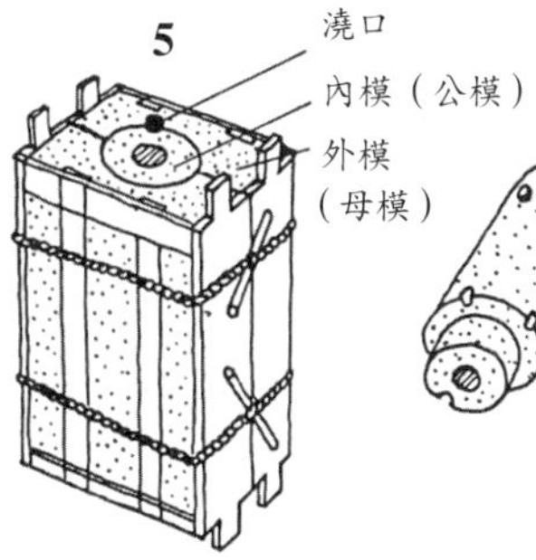

將內模放入外模中，用支釘固定後，捆緊左右兩外模，倒入鎔化的銅液

6

鑄成的銅鐸

C 嵌入型製壺法

1

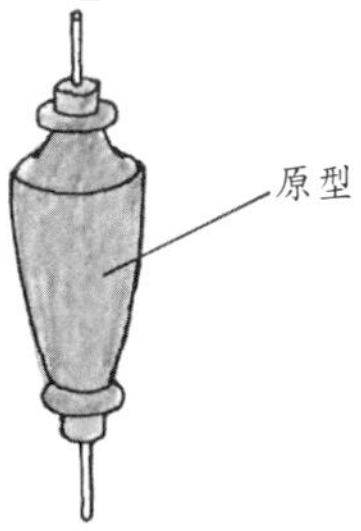

製作原型（欲鑄物品的模型）

2

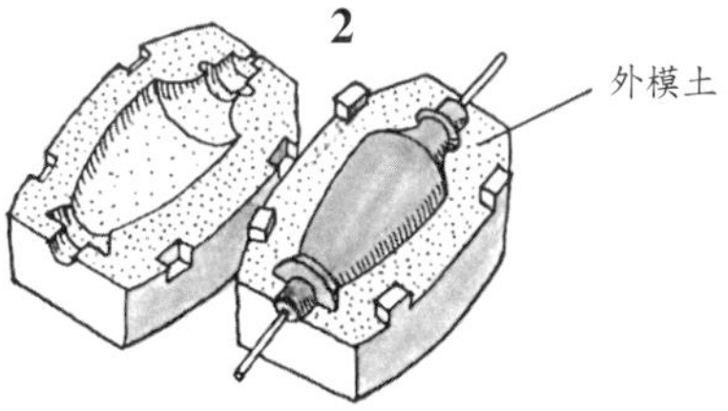

將原型按壓在分成兩半的外模土上，分別印下外型做出外模（母模）

3

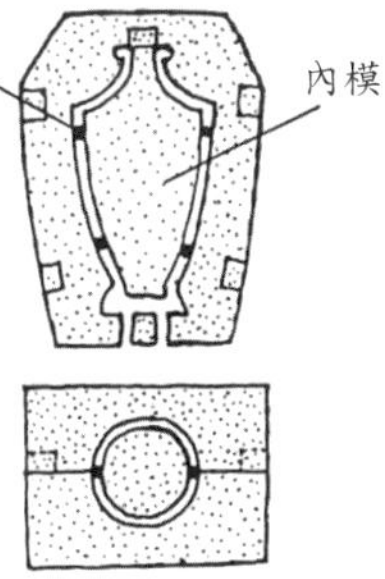

將兩個外模合一，以與B圖4相同的方法製作內模，也同樣以支釘固定在外模中間

4

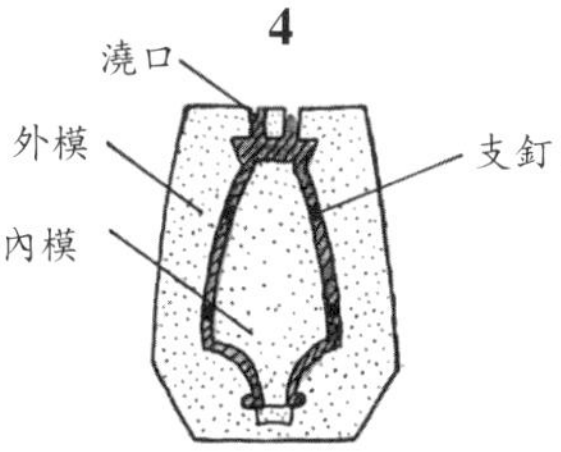

用火燒烤整個鑄模，除去濕氣，再澆入金屬液

5

鑄成的壺

D 以脫蠟法製作金銅佛像

1

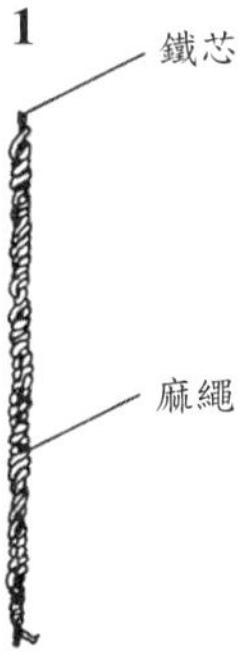

將麻繩纏繞在鐵芯上

2

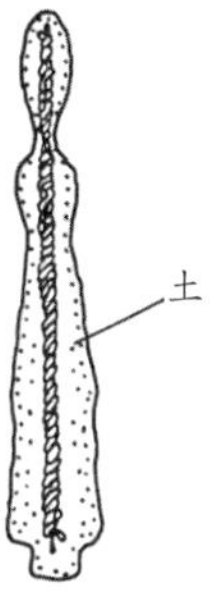

塗上塑土製作內模（公模）

3

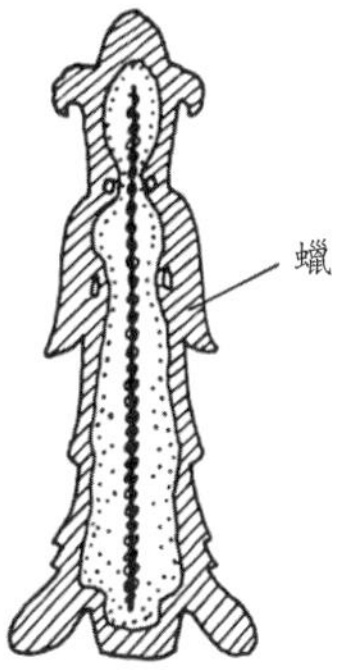

內模表面覆蓋一層厚蠟，雕刻蠟面製成原型

4

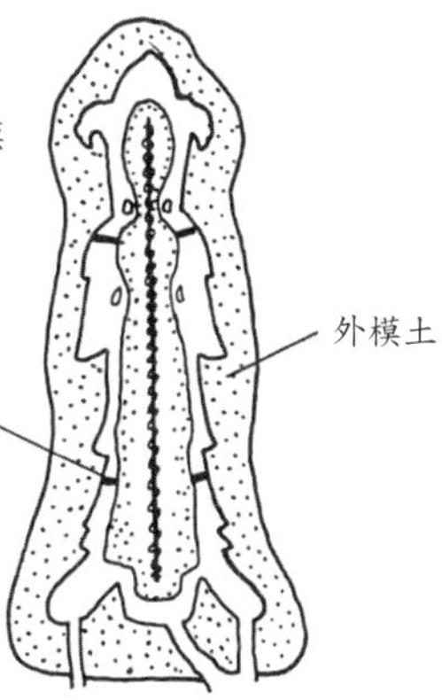

將用作外模(母模)的泥土塗在蠟表外層，以支釘等固定後，燒烤整個鑄模讓蠟溶化流出

5

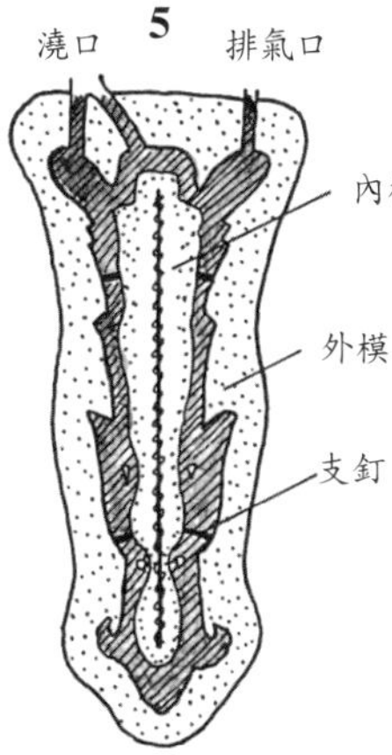

灌入銅液填補蠟溶化後留下的空隙

6

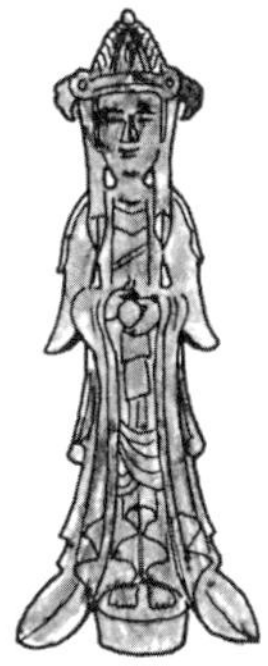

將表面打磨拋光、鍍金後，佛像就完成了

國君麻呂等人所想出來的辦法，大致是這樣的：

在事先已打好堅固基礎的底座上，直接塑造大佛的原型，然後把大佛原型分成八段，由下而上一段一段分段鑄造。首先將最下面一段縱向切割細分成若干大塊，從原型的外表取得外模（母模），然後把原型視為內模（內模=公模），將原型表面削刮去一層，這層就是銅像的預定厚度。接著用火燒烤外模的內面和內模的表面，使之乾燥，並用支釘支撐固定在外模和內模之間，即可將鎔化的銅液澆入兩者之間的空間之中。等待第一段凝固之後，繼續用同樣的方法製作第二段原型的外模與內模，如此一段一段地依序鑄造。因此，這樣的方法可以說，是將

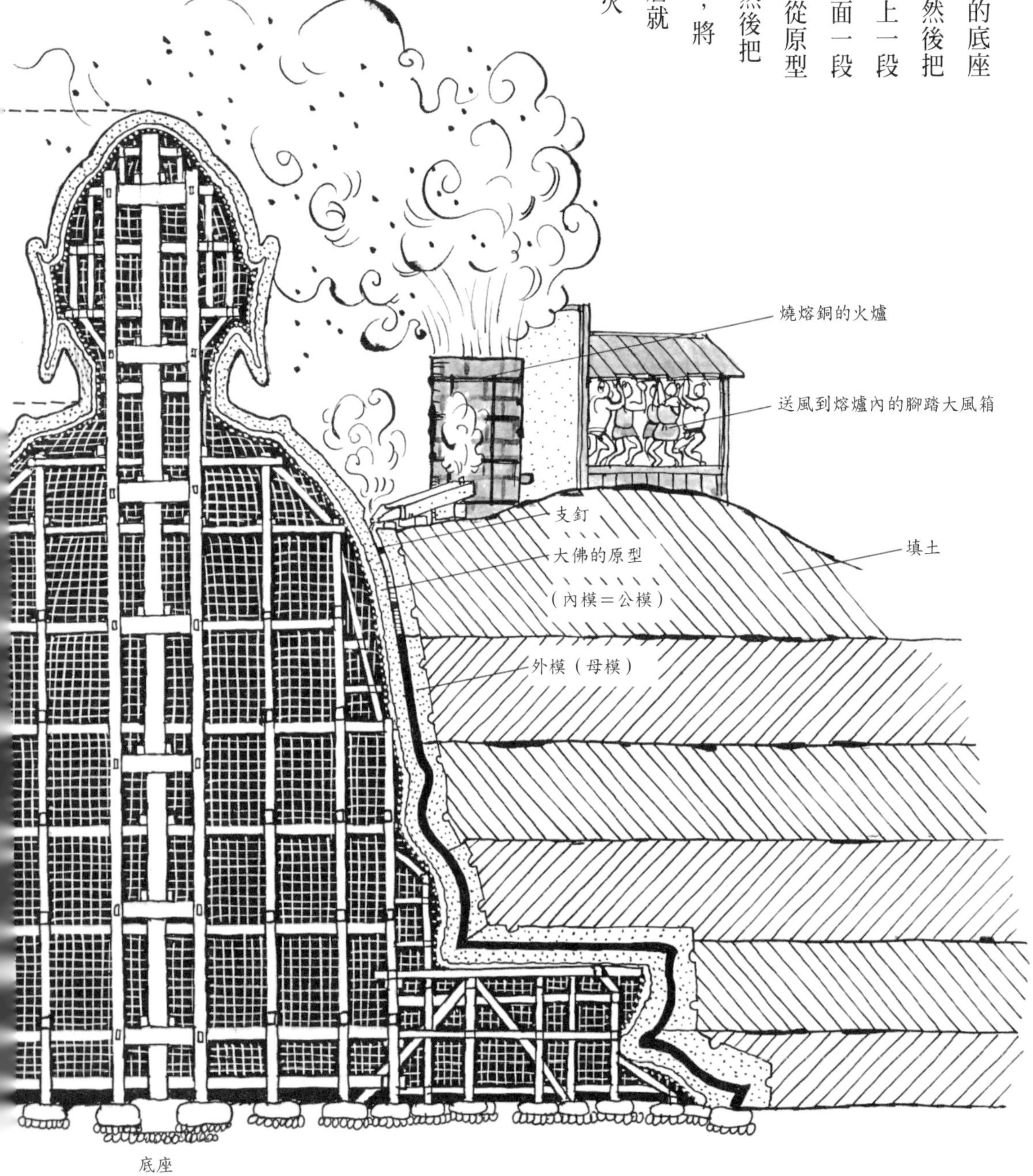

原型當作內模來鑄造。

這種以削刮法製作內模的技術，因為是將原型的外表轉印在外模上，所以可算是「雛型」（嵌入型）的鑄造方法，但是原理也與「惣型」鑄造方法相同，因此可以稱為「嵌入式的惣型鑄造法」。這個方法就可以不需要使用蜜蠟來鑄造大佛了。

削刮原型製作內模的技術，是在崇峻天皇元年（西元五八八年）建造法興寺（飛鳥寺）時，從百濟招聘來的露盤博士（鑄造技師）將德白味淳所帶來的。西元六世紀中期，隨著佛教東傳，由中國大陸渡海而來的佛像製造師和露盤博士帶來了嶄新的技術，因此日本人逐漸學會了鑄造佛像、寶塔、相輪等，日本的鑄造技術也有長足的進步。

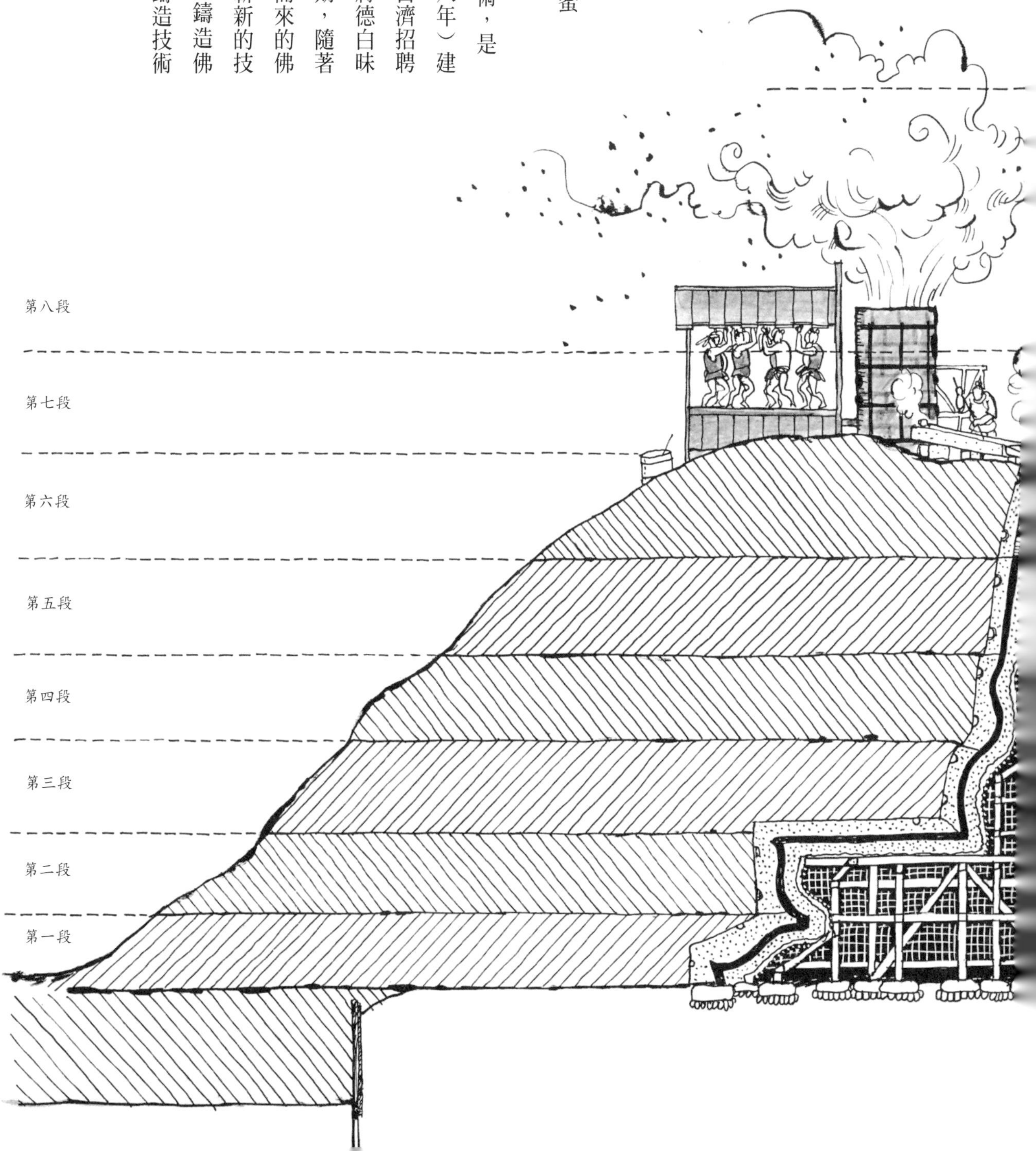

接著，就要著手進行在底座上製作大佛原型的作業了。

首先在骨架正中間部位豎立一根最粗的中心柱，這是直接貫通到大佛頭部預定位置的大圓柱。以此圓柱為正中心畫定四方形，分別在四個角豎立稍細的圓柱（稱為「四天柱」），再豎立直達大佛肩膀和前胸部位的若干根支柱。另一方面，也在這些支柱的前後左右捆綁橫向支架，組成大佛塑像內的骨架。

之後在所組成的骨架上，用木條、竹條、細竹片等材料編組如竹籠的像身；在塗上泥土製作大佛模型時，竹籠剛好能作為支撐泥模的筋骨，所以在編製之前，會事先在這些木條、竹片上捲繞上麻繩，讓塗上的泥土附著而不會脫落。就像是建築工程中製作牆壁時，在骨架之間用木條、麻繩編成底層框架（木舞）一樣。這也是造佛所在製作了許多塑像、乾漆像等佛像之後，長期累積的經驗所發展出來的技術。

下一個步驟是在編成竹籠狀的大佛胚模上塗抹泥土，最裡層先貼一些植物纖維，再塗上質地比較粗的土。越接近表層所使用的土就越講究，最外側用的是土質最精緻的細泥漿。整個泥土層厚度約達二十至三十公分。泥塑像基本上是按照設計圖製作，但比較精細的部分還是要在現場依實際情形隨時修正。所以國君麻呂會站在視野良好而能看清大佛整體狀況的地方，於施工途中不斷地向工人們下達各種指示。

泥塑的佛像最後還要做細部整修，才算大功告成。這時大佛塑像用的是鑄模專用的黏土，比較能抗阻水分侵入，而且還在表面撒上雲母石粉、滑石粉，塗上適當的石灰、三合土等，因此不怕雨水淋濕。有時候為了防止表面產生裂痕，還用浸濕的草蓆覆蓋大佛塑像。也曾用油紙和草蓆等，甚至架設簡單的草棚頂，來為大佛遮日擋雨。最終所塑成的大佛原型，是很接近白色的淺色塑像。

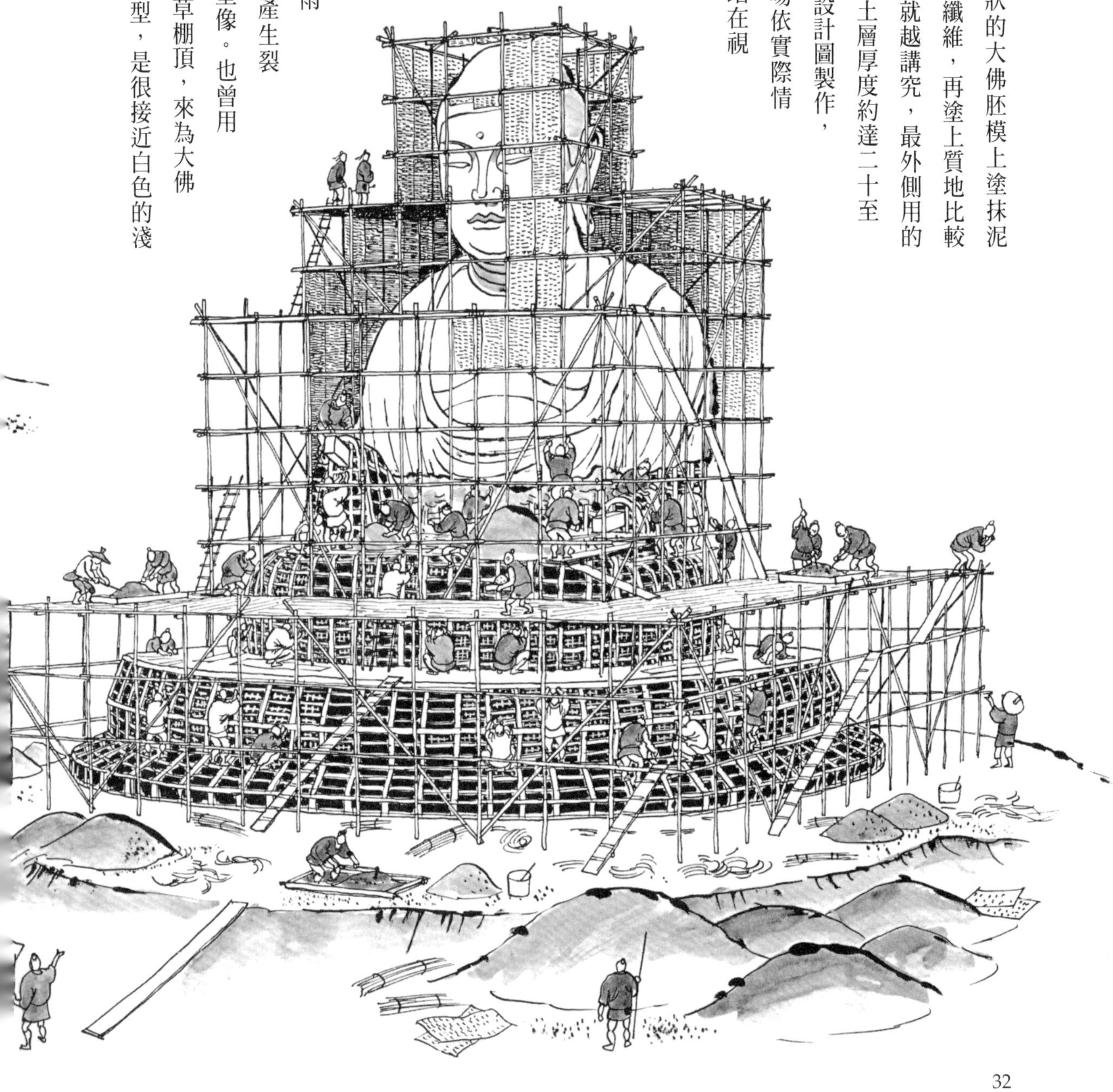

鎮地祭結束之後，過了四百二十六日，大佛塑像才完成。這天，在剛完成的大佛塑像周圍點燃了一萬五千七百多盞燈火。點燃燈火是為了詔告天下，即將開始大佛塑像模型的供養儀式。

夜晚八點左右，上千名僧侶手持油燭出現，塑像在昏暗的夜色中閃爍著微白的柔和光芒，僧侶們齊聲吟誦佛經供養，並繞佛像三匝讚頌盧舍那佛的功德。

這時聖武天皇、元正太上天皇、光明皇后也都在場，直到午夜十二點過後，才終於回到平城宮。此日，正是天平十八年（西元七四六年）十月六日。

隨後便以這樣完成的塑像為原型，展開製作鑄模的作業。塑像原型自然乾燥後，有如土石岩壁般堅硬。於是由最下面一段的蓮花座（裝飾底座的蓮花瓣）著手，首先做準備工作，在塑像原型表面上敷一層薄紙，以防製作外模的泥土沾黏在塑像上造成脫模困難。接下來就把製作外模的泥土一層一層覆蓋上去。

第一層塗抹的是極精細的特製細土粉（將細砂和黏土混合，用火燒烤後磨成粉末）和黏土，覆在大佛原型的表面；接著覆塗的是：逐漸減少特製細泥而增加砂土並混入稻桿和稻殼的泥土層。然後再塗敷的是在同樣的泥土中加入鐵絲和蔓生植物軟藤的混合土，在混合土的上面再覆蓋加入粗砂、黏土、稻桿和稻殼的泥土層。總之就是越內側的土越細，而越往外側用的土就越粗。

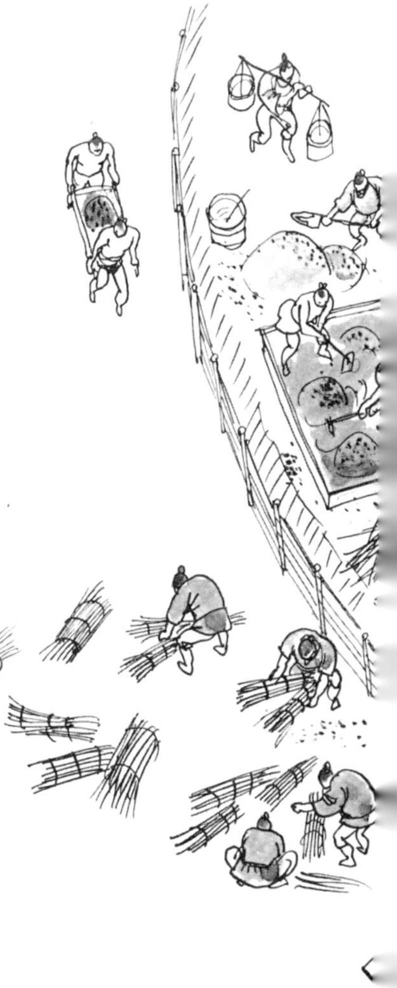

為便於處理，外模多半切割成許多塊。每塊外模大致上長寬分別都在二公尺左右，厚度也都有三十公分以上。如此做成許多塊外模，相互銜接圍繞蓮花座一周。為在脫模的時候便於分離，相鄰的外模塊之間也貼上薄紙或者撒上灰粉以分隔。

外模塊就放在原型上等待自然乾燥之後，才一塊一塊分別取下，為防止取模過程中鑄模龜裂與破壞，鑄模土裡會加入一些鐵絲和藤蔓來增補強度。當外模取下後，還會在每塊外模上做記號，標示其原來的位置。

原型用的泥土和外模塊的鑄模所需的泥土量非常龐大。這些土是從哪裡搬運來的呢？雖然並無詳細記載，但推測地點不會相距太遠，因為天平寶字六年（西元七六二年）的文書有稍微提到，為了鑄造佛塔露盤所需的鑄模用土，從大佛殿的東丘以及西堀川取來泥土。

◎鑄模製作法

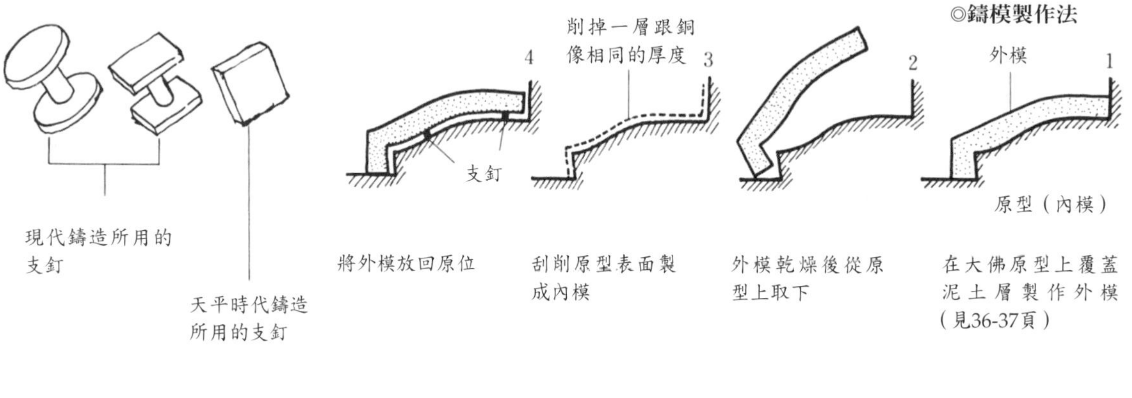

1
外模
原型（內模）
在大佛原型上覆蓋泥土層製作外模（見36-37頁）
2
外模乾燥後從原型上取下
3
削掉一層跟銅像相同的厚度
刮削原型表面製成內模
4
支釘
將外模放回原位
現代鑄造所用的支釘
天平時代鑄造所用的支釘

外模塊從大佛原型上剝下後，用木材或炭烘烤其內側（接觸原型的部分），以除去水分。這道工序可以使外模更堅固，在灌鑄銅液時排氣也會更加順利。

接著就要削刮大佛原型表面，大概要削掉三至五公分。削刮時要特別小心，讓削掉的厚度能盡量平均。所削掉的部分就是日後灌入銅液的空間。換句話說，削掉表面層之後的原型，就成了鑄造時所用的內模。

削刮好後的大佛內模，也跟外模同樣用火烘烤表面。也就是說外模和內模兩者，凡會接觸到澆入銅液的表面，都要徹底烘烤乾燥。要是不慎留下了水分，鎔化後滾燙的銅液在澆入鑄模內時，水分乍遇高溫可能在瞬間汽化膨脹而引起爆裂，非常危險。所以在內模原型背後也開了較大的通氣口，以便讓內模的濕氣盡快排除。

一旦內模中的水分散盡，就將外模一塊塊放回原來（作過記號）的位置。為了讓兩者之間的空間固定不位移，需在外模和內模之間放置支釘。所謂支釘，是用來固定外模和內模位置的工具。在《正倉院文書》中，留下了「鑄造三千三百九十枚方形的支釘，長寬各四寸（約十二公分），厚一寸（約三公分）」的紀錄。現代日本的鑄造方法，用的是如右圖的工字型支釘，但當時鑄造大佛所用的應該是如紀錄上的方形支釘。有時依部位的不同，也會把銅片分成小塊當作支釘，或者另外鑄造尺寸更大的支釘，不同狀況所用支釘的種類也不盡相同。

將支釘固定之後，就用繩索、草繩等將外模捆綁牢固，並用棍棒、木板壓住，盡量維持外模固定，然後在上面堆填泥土，直到外模整個被蓋住為止。因為銅液澆入鑄模的瞬間，內部加諸於鑄模的壓力大約是銅液重量的十三倍，所以鑄模一定要夠穩固而能承受相當的壓力。要是澆模之前沒有將濕氣全部排除，或者鑄模未完全固定，鑄造的時候很可能會發生可怕的意外。

覆蓋在鑄模周圍用來掩蓋外模的泥土，剛好作為日後作業時的立足點，這些泥土應該是當初建設大佛地基時，剷平山丘所挖掘下來的泥土。

鑄模完成以後，就開始準備煉銅用的鎔爐，以及將銅液導入鑄模內的導溝。鎔爐是以耐火黏土和磚塊做成，放在堆得比鑄模高一點的土堆上。導溝則以石頭（主要是耐熱的大谷石等）和土做成，從較高處的鎔爐連通到較低處的鑄模入口。

在鑄造的時候，將銅、錫和炭火都倒進鎔爐內加熱鎔化。純銅裡要加入一部分的錫，幫助銅液流動平順，並增加硬度，才能成為又硬又堅固的青銅。青銅中的錫，所占的比率大概是百分之五至十左右。

在當時，鑄造大佛並非僅使用精煉的純銅，鑄造過程中也用銅礦石和其他銅製器具作原料。因此佛像含有許多不純物和雜質，不過也正因如此，反而

◎腳踏式鼓風箱的組成

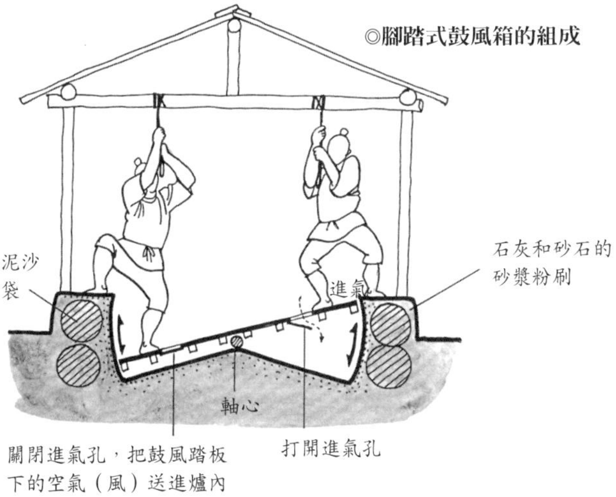

使得當時的銅製品帶有一種微妙而特別的氣息，比現代精煉純粹的銅製品，顯得更為美麗而別有一番韻味。

這時以炭和木材作為鎔煉銅所需的燃料。由於得將鎔爐內的溫度提高到攝氏一千一百至一千二百度（銅的熔點是一千零八十三度），因此，必須不斷用腳踩鼓風踏板（腳踏式鼓風箱）將風送進爐內，讓火能夠熾熱燃燒。銅和錫逐漸鎔化時，會向下流到鎔爐的下端，燒剩的餘燼則留在上方。

銅鎔化以後就順著導溝一路流到鑄模裡去。平時，銅流出鎔爐的出口（火口）都用泥土栓塞堵住，等要讓銅液流出時才打開。而且為了不使銅液在流經導溝時冷卻硬化，還要事先將流經的導溝路徑用炭火加熱，讓導溝維持一定的熱度。

在大佛四周準備了數十座這樣的鎔爐，鎔鑄第一段大佛的預備才算大功告成，從大佛原型完成日算起，到這時已又經過了將近一年的歲月。

天平十九年（西元七四七年）九月二十九日，這天是正式開始鑄造大佛的日子。

天剛破曉，一清早所有的鎔爐都裝滿金屬、炭火、木材，燃料也點上了火，大批人力也投入踩踏鼓風踏板的行列。一群人齊聲喊著號令，同時奮力踩踏鼓風踏板，鎔爐內起初還只有紫色的火焰，喘不上氣似地吐著煙，不久之後就變成火紅的熊熊烈焰，周圍籠罩在一片煙霧之中，工人還一直不斷地朝爐內添加柴火、木炭以及銅、錫金屬。

等到太陽爬上山頭的時候，原本堅硬的銅塊也逐漸鎔化成赤紅滾燙的鎔漿，咕嘟咕嘟地不斷沸騰著冒出滾燙的氣泡。鑄造師傅個個摩拳擦掌，躍躍欲試地準備要打開鎔爐的火口。但是大鑄造師（鑄造方面的最高負責人）卻阻緩鑄造師的行

動，他雙手抱胸、眼睛盯著沸騰的銅液。他在等待沸騰的銅液稍微沉靜下來，因為銅液在冒著氣泡的狀態下，溫度太高則無法順利灌入。當然，等待的時間太長，讓爐內溫度降得太低也不行。決定何時打開火口讓銅液流出的時機，是非常困難的工作，必須依靠經驗豐富的大鑄造師長年經驗培養出來的直覺來判斷。

大鑄造師注視著每個鎔爐的狀態，終於比出手勢，大家見狀立刻同時將火口打開，火紅的鎔漿發出轟隆隆的巨響，順著導溝流下，一口氣從澆口灌入鑄模中。其情景如同火災現場，彷彿人間煉獄一般。

為了預防意外事故發生，消防人員和醫療人員也在一旁隨時待命。這些人看見這樣的情景也驚訝得呆若木雞，連一點聲音也發不出來。

第一段大佛的鑄造工程完成，青銅完全冷卻以後，先不除去外模和覆蓋在上面的土堆，放在原位可直接作為接下來鑄造第二段時的立足處。

最困難的部分，是如何連接第一段和第二段。若毫無計畫的澆鑄下去，連接線的構造強度必定不夠，所以需要在接合處下工夫。鎌倉大佛（西元十三世紀）也是分成八段鑄造的，其接合（鑄接）方式相當複雜，是將上一段和下一段用精巧的卡榫交錯接合，需要的是非常高超的鉚榫嵌合技術。但是天平時代的奈良大佛，技術應該還沒到這麼精準的地步，所以用的大概是比較單純的搭接或者套接方式。

事實上，現存的奈良大佛屬於天平時代所鑄造的部分非常少，所以很難依現狀來推測當時的製作過程和具體的方法。雖然史料留下了「花費了三年時間分成八次鑄造大佛」的記載，但是卻無法確認當時的製作過程和方法。

至於頭、手等部位的製作詳情，也已經無法知曉。鑄造鎌倉大佛的時候，是另外先鑄造了頭部和手部，然後在從下段往上鑄造大佛本體的工事中，將手部接合，到了鑄造肩膀附近時，將頭部也安裝接合。

天平時代的奈良大佛，其鑄造的詳情如何？是像鎌倉大佛一樣分別先鑄造頭部和手，之後再接合嗎？還是在鑄造身體的時候連在一起澆鑄出來的呢（本書描寫的是，頭、手跟身體的原型都一氣呵成鑄造出來）？或者，是用我們現代人想不到的其他特殊方法鑄造出來的呢？

眼前，一切都成了無法揭開的謎團。當時的人們，關於材料、物資的調送、祭祀活動的進行、組織人事的安排等事情，都留下了詳細紀錄，唯獨對於大佛頭部、手部的連接方法等技術事項，卻沒留下任何線索。

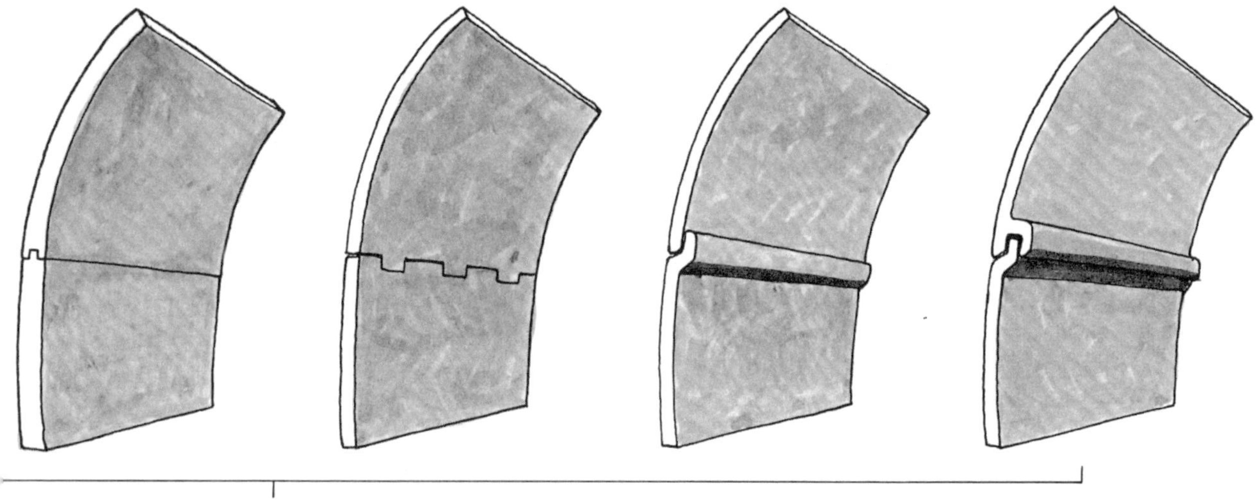

◎天平時代大佛的接合方法（鑄接法）大致都極為簡單

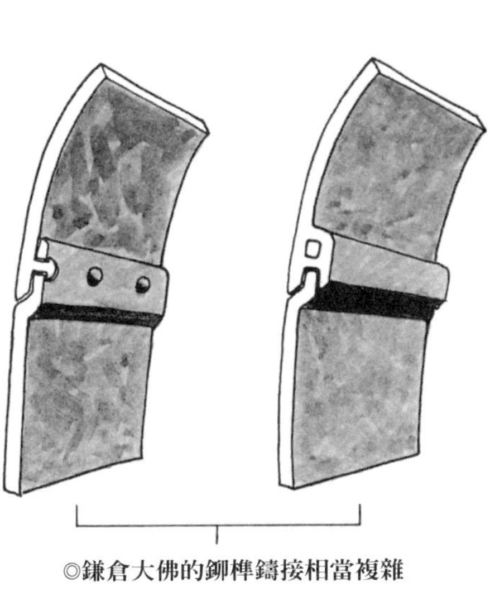

◎鎌倉大佛的鉚榫鑄接相當複雜

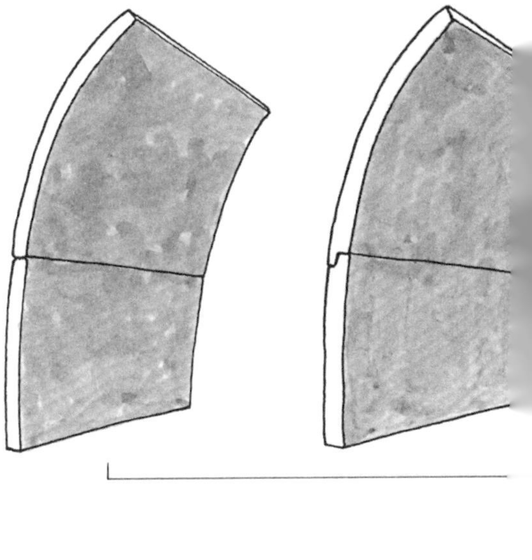

這樣的鑄造工程，就如此一段接著一段地進行，到了天平二十年（西元七四八年），進度甚至已經超前了不少。

但是，處理熊熊燃燒的烈焰和鎔化的滾燙金屬熔液，都是非常危險的作業，因此也會有發生意外事故的時候；所以，時常會請僧侶誦讀《救護身命經》以消災祈福，這部經是專門用來消弭眾生身邊危險的。而且，當大佛鑄造工作進入重要階段，總是會發生一些難以預料的困難狀況，誦經祈福更有其必要。

儘管如此，鑄造現場仍然不眠不休地持續工作著。鎔化銅金屬的火焰，從爐口伸出的熾紅火舌，高高映照著夜空，紅遍半邊天際，即使隔著一座山，從山背（現在的京都）南部都還能遙望得到。

就在這緊要關頭，八十二歲的行基和尚，卻在天平二十一年（西元七四九年）二月二日，逝世於奈良的菅原寺。行基和尚的去世，對於所有鑄造大佛的相關人員而言，都是非常嚴重的損失。

每名工人每天都會配給食物，平均一天的份量是玄米（糙米）二升（一升相當於現在的量米杯四杯）。監督他們工作的監工分配到的米比較少，一天大約是一升四合。顯然需要大量體力的重勞動和體力負荷輕微的輕勞動，配給糧食的份量完全不同。

米糧全都炊煮成米飯，再加上鹽、醋、米醬（味噌）、醬油、海藻、醬菜等副食品，還有當季的蔬菜、水果等，一同食用。當然，作業員也同樣配給食物。在現場工作的幾乎全都是男性員工，唯有炊事場偶爾傳來炊事女工的談笑聲，為工地附近帶來一些熱鬧的點綴。

工人也有很多不同的種類，待遇也不盡相同。其中的司工（公務員）除了上述食物之外，還配給有米糧、衣服，並且依工作考績而得以晉升官職、獲得官祿（獎金）。其他佛工、畫師等神聖的作業人員，還另行支付稱為淨衣的白色衣服。

此外也支付工錢（薪水）給雇工。佛工每天六十文；鑄工、銅工大約五十文；畫工和金工是三十至四十文；土工、木工、瓦工則大約十至十五文。其他作業員當中，傭工大概每天十至十五文；女傭則是五至八文。而打雜的小工也能分配到米、零用錢、布料等物品。

另一方面，工人的舉動也會受到嚴格的監督。若是工作不符合規定、不夠盡力或者偷懶，就會遭到責罰；甚至有些小工，因為受不了辛苦的勞動而逃走。但是勞工待遇並非苛刻而不近人情，例如：工人生病請假時也照樣能領工錢、遇到父母身亡等不幸發生時，也馬上發錢讓他回家鄉。此外，還禁止要求工人在夜晚趕工；六、七月最炎熱的時節，從正午十二點到下午兩點還有午休時間。

當然出勤管理也相對嚴格，有點類似現代的按時計酬制度，而且分工相當精細，工作管理極有效率，各方面都不比現代化的工廠遜色。

許多人一看到大佛等天平時代的大型建造物，說不定都會認為是驅使奴隸建造的。但是，如果仔細耙梳當時的紀錄，就會發現事實跟所想像的不盡相同。

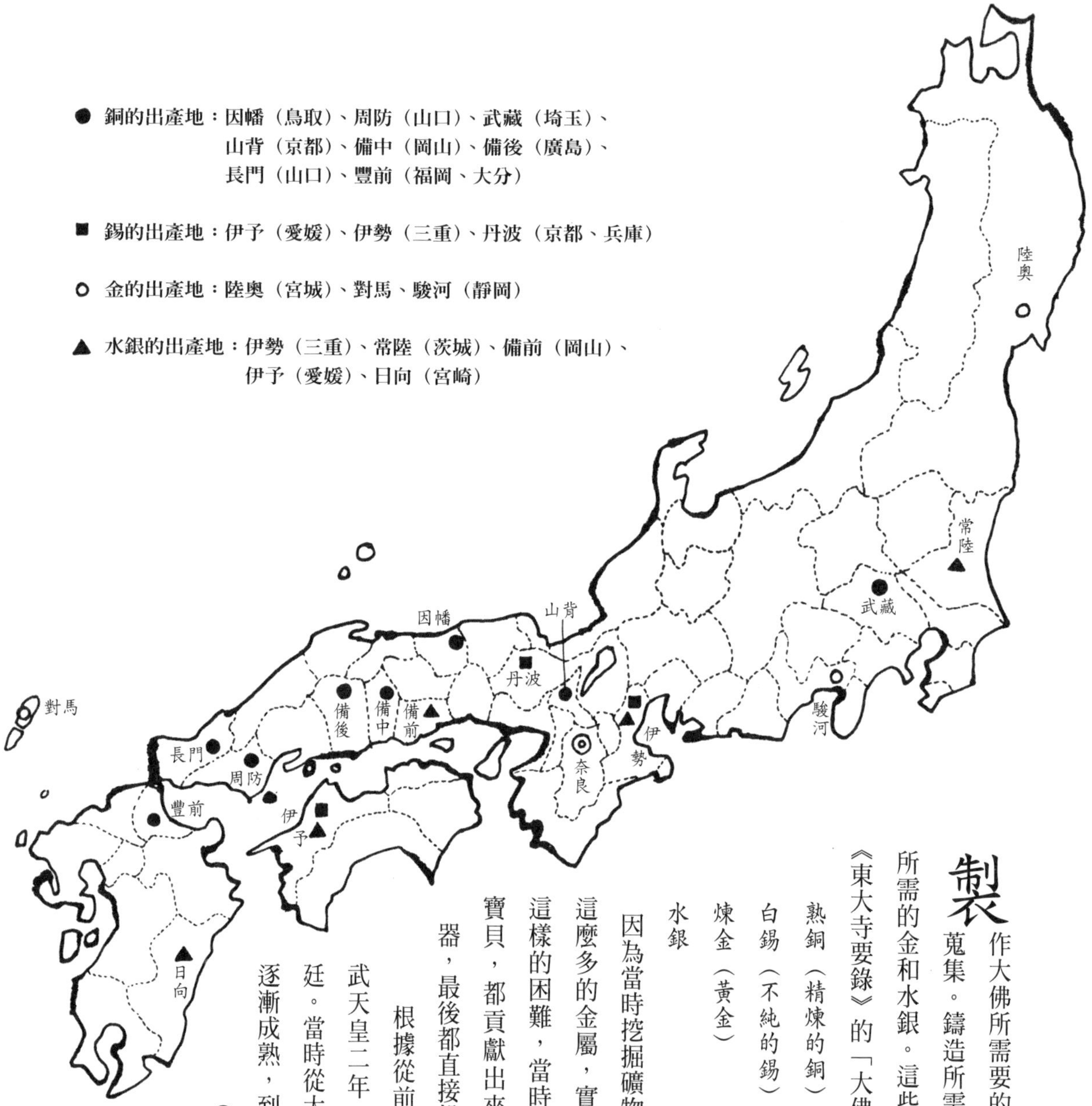

製作大佛所需要的金屬材料，都得從日本全國各地蒐集。鑄造所需要的材料為：銅、錫，以及鍍金所需的金和水銀。這些金屬的需求量有多大呢？收錄於《東大寺要錄》的「大佛殿碑文」能找到這樣的記載：

熟銅（精煉的銅）七三九、五六〇斤（四九九噸）

白錫（不純的錫）一二、六一八斤（八・五噸）

煉金（黃金）一〇、四三六兩（四四〇公斤）

水銀 五八、六二〇兩（二・五噸）

因為當時挖掘礦物的技術還不夠進步，所以要蒐集這麼多的金屬，實在是非常艱難的事情。為了解決這樣的困難，當時的百姓只好將家裡珍藏的銅鏡等寶貝，都貢獻出來鑄造大佛。大家貢獻的這些銅器，最後都直接投入鑄造大佛的鎔爐中了。

根據從前的紀錄，因幡國（鳥取）曾於文武天皇二年（西元六九八年）提供銅礦給朝廷。當時從大陸學習來的最新挖礦技術，也已逐漸成熟，到了能夠實用的階段；同年，周防（山口）已開始挖出銅礦了。不久之後，在武藏國（埼玉縣）挖出了銅礦，以當時的金屬產量來說，這已算是非常可觀的量，

因此甚至為此特地把國號改為「和銅」（西元七〇八年），其重要性顯然可見。除此以外，山背（京都）、備中（岡山）、備後（廣島）、長門（山口）、豐前（福岡）等國，當時都是重要的產銅地。鑄造大佛所用的銅，大概也都是從這些國度蒐集而來的。

在鑄造工程順利進行之際，相關人士所要擔心的，還有大佛鍍金所需黃金的供應問題；因為日本當時尚未確立挖掘金礦的技術，裝飾大佛金身所需的黃金，一點著落也沒有。

為此，良弁和尚先後兩度深入吉野的金峰山、琵琶湖附近的石山，虔心祈禱「能早日發現金礦」。皇天不負苦心人，在天平二十一年（西元七四九年）二月二十二日，來自陸奧國的快馬，終於為京城帶來了「發現黃金」的好消息。當時挖掘到金礦的地點，在現在的宮城縣遠田郡的黃金神社附近。

聖武天皇和光明皇后聞訊立即前往大佛座前禮拜祝禱，然後由左大臣橘諸兄向大佛報告發現黃金的喜事。

這時候鑄造大佛的工程進展得很快，已接近最後階段了。整著大佛原型只剩頭

部到胸部最上面一段的原型露出來，其餘部分全都覆蓋在土中。而年號也在四月十四日改為「天平感寶」（西元七四九年）。同年的四月二十二日，陸奧國守百濟王敬福呈獻首批發現的黃金。

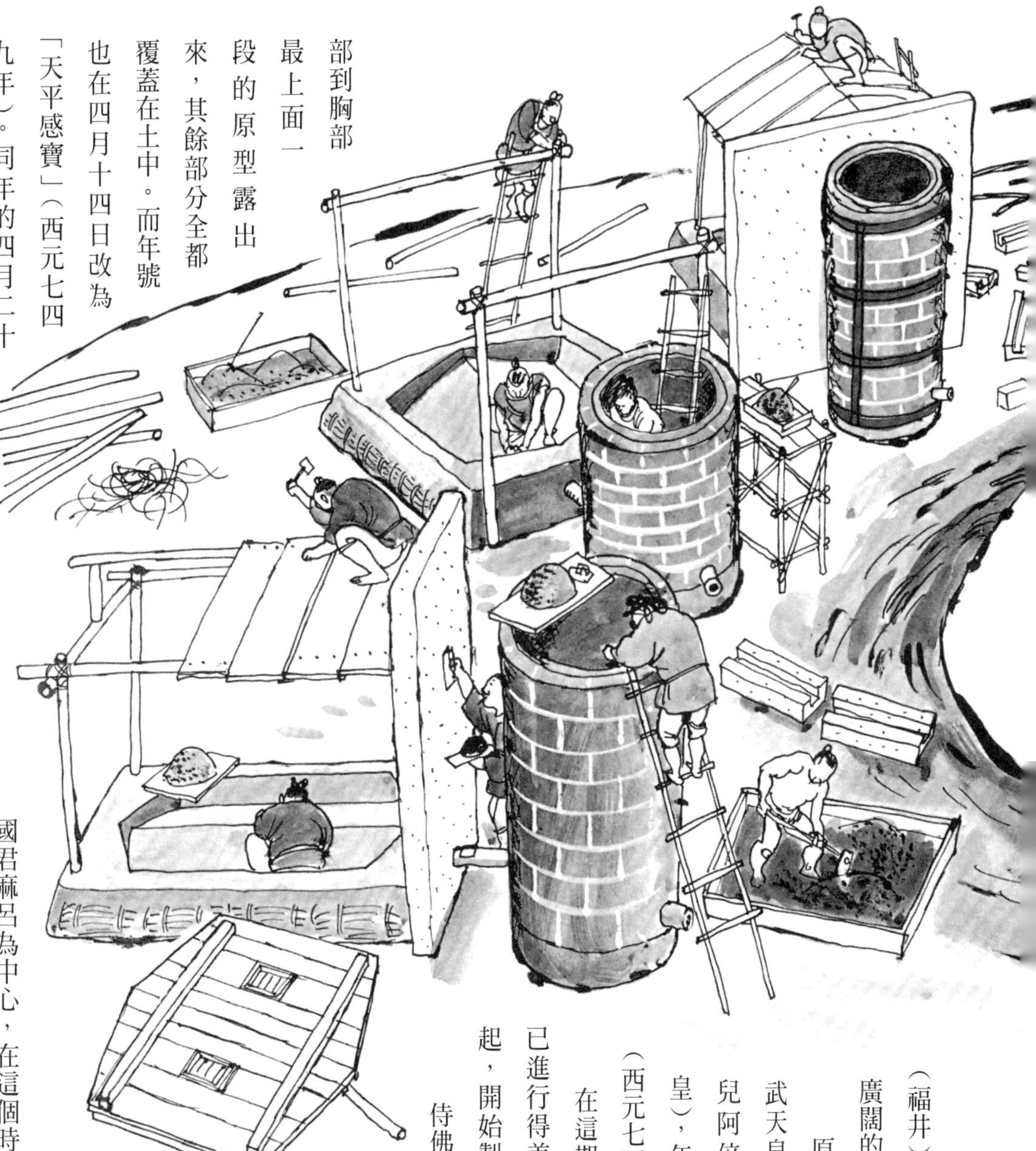

在此前後時期，為了支援東大寺的財政，而在越前（福井）、越中（富山）等地闢建了廣闊的莊園作為收入來源。

原本健康狀況就不太好的聖武天皇，也在這時將皇位傳給女兒阿倍內親王（即位為孝謙天皇），年號再度更改為「天平勝寶」（西元七四九年七月二日）。

在這期間，大佛本身的鑄造工程已進行得差不多了，於是自四月八日起，開始製作侍立大佛左右的兩尊脅侍佛像。這兩尊脅侍像是觀音菩薩和虛空藏菩薩，其大小也足以與大佛相稱。雖然這兩尊佛像並沒留存到現代，無法得知詳情，但可確定並非金銅佛像，而是塑像或者乾漆像之類的佛像。

造東大寺司的造佛所以國君麻呂為中心，在這個時期另外也製作了許多優良精緻的佛像。目前仍存於東大寺三月堂的不空羂索觀音像，就是當時具有代表性的一件作品。

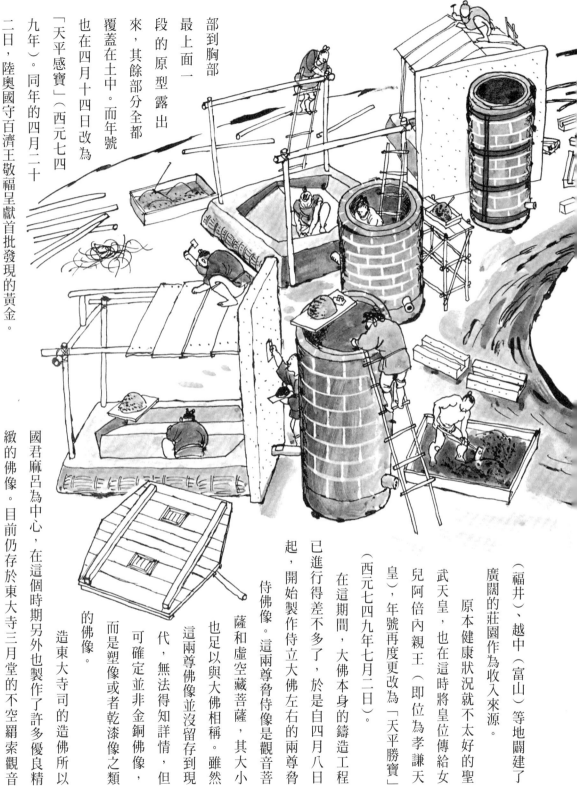

大佛是東大寺的本尊佛像，照理應安置在金堂的建築物內，但是因為大佛必須在固定的台座上進行鑄造工作，無法移動，因此實際施工時就不得不先鑄造大佛，再建造能遮蓋大佛的金堂。金堂是為了容納大佛而建，因此特別稱之為大佛殿。

在進行大佛鑄造工程的同時，也從山上砍伐建造大佛殿的木材，為建設大佛殿積極準備。天平時代的大佛殿，規模比現有的大佛殿更大（江戶時代復建，目前世界最大的木造建築物），可想而知建築工程也非常困難，必須要建造比一般寺院的金堂大上數十倍的木造建築物，單單木柱部分，就需要至少八十四根直徑約一・五公尺、長約三十公尺的粗大木材。

除了大佛殿之外，東大寺也建造各種塔堂，為此而採伐募集的木材數量也非常驚人。因此，東大寺在甲賀山、伊賀山、田上山，以及琵琶湖以西的高島山等，都設置了處理木材的山作所，從山上砍伐並搬運所需要的木材。根據記載，天平勝寶元年（西元七四九年），播磨國（兵庫）曾為建設大佛殿而砍伐五十根巨大的木材。

所砍伐的樹木，先在山作所加工製材，再送到附近的河川旁，編排成木筏順流送下，若是彎曲蜿蜒的河川或者湍急的河流地段，就先將木材一根一根分別順流送到下游的木筏場，然後才編排成木筏送出。

木材到達東大寺的木工所（木工作業所）之後，就由木工接手進行木材加工的作業，依照規定的各種尺寸將木材加工成所需的形狀。

當時的木工工具有：墨斗、圓規、曲尺、斧頭、手斧、刨刀、鋸子、鑿子、錐子等等，種類已經非常齊全了。但是當時稱為槍鉋的刨刀，無論是形狀或用法都和現在的木工台鉋不太相同，只能將手斧削過的粗糙木材表面削得更平滑一點。鋸子也是橫切用的，無法像現代的鋸子一樣順著纖維的方向，縱向將木材切成長條形。

同時，東大寺的造瓦所也正加緊製作大佛殿屋頂用的大瓦片。在瓦窯旁邊設置作業所，製瓦工人忙碌不停地工作。這樣的瓦窯在境內到處都有設置，其中一個遺跡在目前東大寺境內西南角的斜坡上（即現在的春日大社，一之鳥居附近的荒池瓦窯遺跡）。

巨大的大佛殿使用的瓦片特別大，需要的數量也非常驚人。現存的大佛殿就鋪了十萬九千片瓦，規模比現在更大的天平時代大佛殿，從屋頂實際上到底覆蓋了多少瓦片，就可以想像其工程的巨大了。

日本最早使用瓦片，據說是在崇峻天皇元年（西元五八八年）創建法興寺（飛鳥寺）的時候，當時有四位從百濟渡海而來的瓦博士（製瓦的技術人員）傳授了製瓦技術。

終於，大佛本尊的鑄造總算完成了。從開工鑄造起，總共花費了兩年歲月，到了天平勝寶元年（西元七四九年）十月二十四日，大佛本尊終於完成。紀錄上正式的記載是「為期三年分八次鑄造」，但這包括塑像完成後的準備鑄造階段在內，所以花在實際鑄造的時間大約是兩年。

這時候大佛還整個埋在土裡，從外表看來似乎只是一座小山丘。不過工人們開始將覆蓋的泥土和外模塊一點一點移除，站在覆蓋用的泥土上面，打破鑄模露出佛像，審視大佛表面找出澆灌時銅液沒有流到的部位，立刻重新煉銅液當場澆灌補入這些缺口。

如此，大佛從頭部開始逐漸從土堆中露出頭臉來，進行工程的相關人員看著心中充滿歡喜。到了那年十二月初，大佛整個身形完全顯露了出來。

同年十二月二十七日，五千名僧侶在東大寺舉行盛大的法會，以聖武太上天皇為首，所有重要人物全部到齊；又因為這場法會，就是為了感謝宇佐八幡的神祇對大佛工程的保佑，所以宇佐八幡宮的神官也出席了這場盛會。

移除了鑄模以後的大佛，整體外觀還是凹凸不平，而且到處還能看到裂縫、銅液沒流注的空洞部分，一般稱為「鑄物鬆」，所謂「鬆」就是鑄造時所灌注的銅液中的瓦斯化成氣泡，在銅液冷卻凝固後所留下的空隙。

因為有這樣的空隙存在，所以在打破鑄模確認之前無法得知鑄造的成敗如何；而且，無論鑄造技術如何高超，像大佛這麼大的銅像，工程中留下空隙之類的小缺憾，也是無法避免的。為了修補這些缺陷，必須進行的加鑄作業又耗費了五年工夫。除了要重新煉銅液，灌入空隙和裂痕來彌補之外，還需要進行嵌金作業，就是另外製作銅塊，用以嵌入較大的空穴來進行填補。

同時，還要用銼刀、平口錐（鏨子的一種）來打磨這些整修過的表面。此外，也用刮刀等鋼鐵製的刀刃來刮平、用砥石來打磨，使表面更加平滑，這項作業稱為「鑄浚」（磨礪加工）。

為此，修補鑄像工作又耗費了大約十六噸的銅，以及比鑄造更長的歲月，從天平勝寶二年（西元七五〇年）一月到天平勝寶七年（西元七五五年）一月。這麼長的工期，許許多多的鑄造工、銅工、金工，心裡懷抱著大佛完工的遠景，堅忍不拔的在崗位上辛苦的工作。

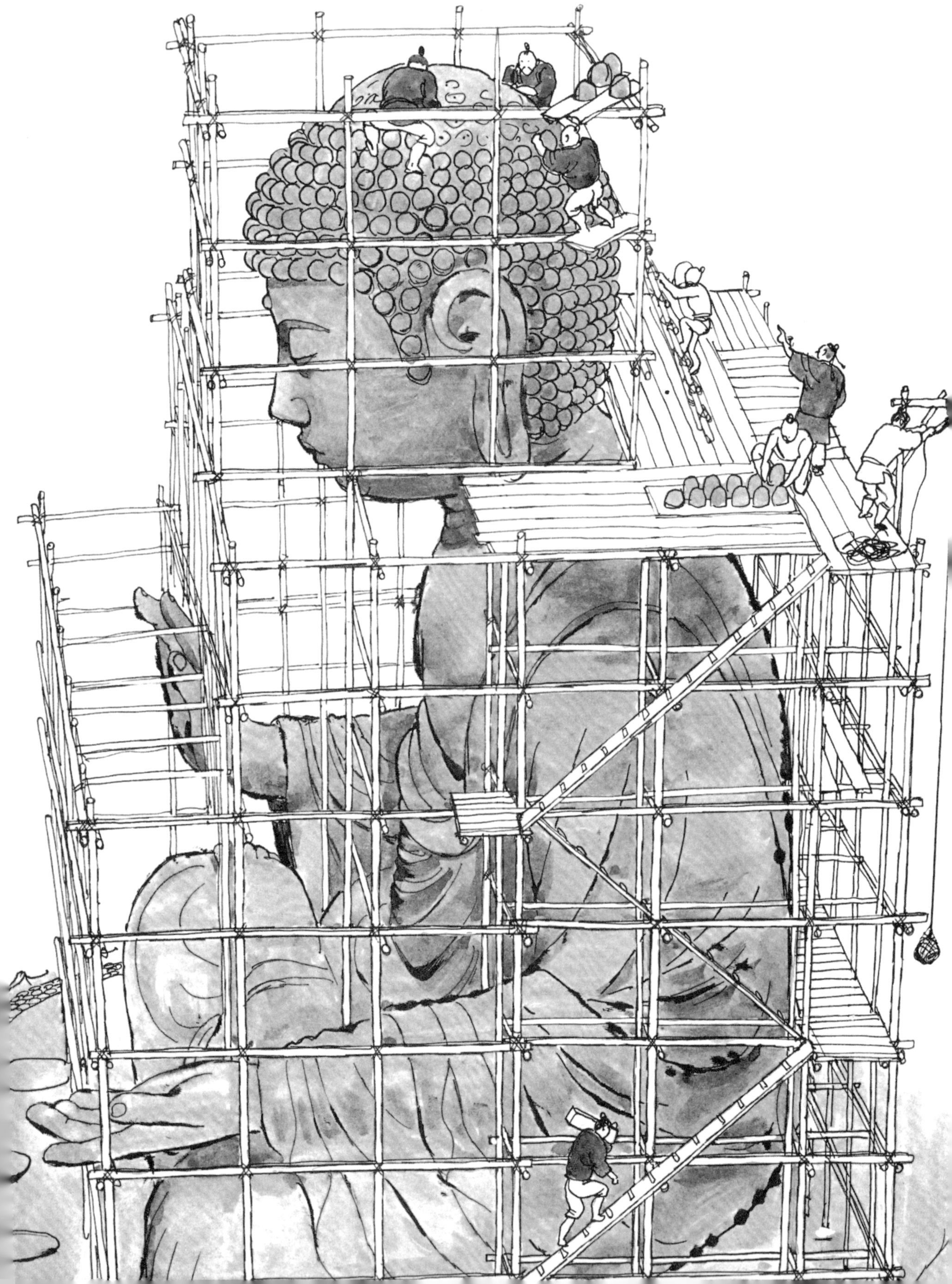

佛像頭頂部飾有稱為螺髻（螺髮）的螺殼狀捲髮。大佛的螺髻相當大，每一個髻高達一尺二寸（大約三十六公分）、直徑有六寸（大約十八公分），因此應該是後來才安裝上去的。

大佛鑄造完畢後不久，鑄造工人就著手從事這些螺髮的鑄造。大佛的螺髮總共有九百六十六個，花費了五百六十天、用了六．三噸的銅，才終於鑄造完成。額頭中央的白毫也同時鑄造，跟螺髮一同裝上大佛頭上。這些工作，從天平勝寶元年（西元七四九年）十二月一直進行到天平勝寶三年（西元七五一年）才完成。

天平勝寶三年九月，大佛兩側的兩尊脅侍佛像，觀音菩薩和虛空藏菩薩也順利完成了。

接著，將殘留在大佛原型（塑像）內部的砂土、木柱骨架取出，開始準備鍍金作業。因為大佛鍍金的時候，會用高溫讓水銀蒸發，若大佛內部仍塞滿砂土，加熱的火力一半以上都會被砂土吸收，就不能達到讓水銀蒸發的高溫，鍍金作業也就無法順利進行。

大佛背後可能也像鎌倉大佛那樣，事先留下了一個洞口以便進出，也可能在大佛底座後面開了洞門，便於搬運砂石木材進出。

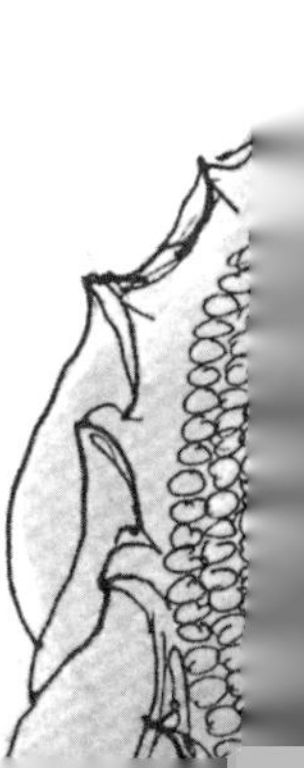

另一方面，建築大佛殿的工程，也和大佛的後期收尾工程同時進行。

天平勝寶二年（西元七五〇年）八月左右，動用了二千二百名人力，製作大佛殿支柱下面的礎石。到了翌年（西元七五一年）一月，大佛殿的支柱全都已豎立了起來。所有的工作開始往完成大佛和大佛殿的方向邁進，人人加緊工作，似乎連時光都開始動了起來。

如此趕工到天平勝寶三年（西元七五一年），大佛和大佛殿的主要工程，大致上幾乎都已經完工了。

等過完年，進入天平勝寶四年（西元七五二年），終於到了迎接大佛開眼供養會（開眼會）的階段了。所謂開眼，就是用毛筆在佛像的眼睛裡描繪瞳孔，迎接佛的精魂進入佛像的儀式（也就是所謂的「開光點眼儀式」——譯註），這個儀式結束以後，大佛才算正式完工，成為一尊真正的佛像。據說這次奈良大佛的開眼會，是日本首次舉行開眼供養會，可說是日本這類儀式的鼻祖了。

從欽明天皇十三年（西元五五二年）佛教東傳日本算起，這一年剛好也是佛教傳來第二百年（佛教傳到日本的時間一說是西元五三八年），為了能在這值得紀念的年度舉行開眼會，大佛和大佛殿的建設工程也夜以繼日地加緊趕工。

開眼會的日期已經決定了，就在釋迦牟尼的誕生日——四月八日那天舉行。

鍍金是製作大佛的最後一道工程，從天平勝寶四年（西元七五二年）三月十四日開始進行。這一年三月是閏小月，仔細算算，到開眼會只剩下五十三天，這段期間實在太緊迫了，結果鍍金工作只完成了一部分。

這個時代的鍍金技術，是將金片、金箔以及金砂等混入水銀中，製成金汞合金（汞膏），塗在物品表面上的方法。事先打磨得很光滑的大佛表面，先仔細用醋（梅醋等）擦乾淨，再塗上膏狀的金汞合金。接著用攝氏三百五十度的高溫加熱，合金中的水銀就會蒸發，剩下黃金附著在表面上。這樣的作業要重複好幾次，在大佛表面覆蓋上一層較厚的黃金，再用小鐵鏟般的工具打磨得光滑發亮。

塗上金汞合金時，表面看起來是白色的，而在加熱、打磨之後，就會搖身一變成為燦爛的金黃色。不過這項作業在蒸發水銀時會產生劇毒的水銀蒸氣，所以相當的危險；由於作業是在已完成的大佛殿內進行，通風狀態不如露天良好，雖然沒有留下正式記載，但應該也有作業人員受害，類似現在所謂的工業傷害。

當時使用了四千一百八十七兩黃金，溶於水銀中製成二萬五千一百三十四兩（約三百六十公斤）金汞合金，這樣計算起來黃金對水銀的比率大致是一比五。鍍金作業總共花了五年時間才算大功告成。要為這麼大的佛像全身鍍金，的確是一項浩大而辛苦的工程。

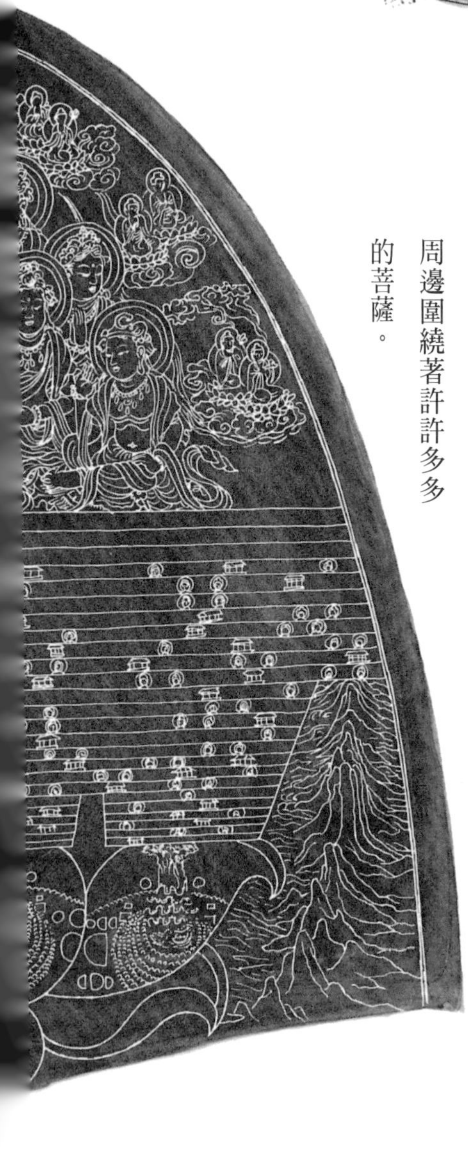

奈良大佛所坐的蓮花座，上面的每一片花瓣都要描繪雕刻圖案，這項雕刻作業也從這年（天平聖寶四年）二月開始進行。所刻畫的內容具有非常深遠的意義，跟盧舍那佛的關係非常密切。開眼會的日期已經迫在眉睫，雕刻作業也緊急動工了。

這個銅製的蓮花座，是由向上的花瓣層和向下的花瓣層所組成，向上的二十八片花瓣，分別用鑿刀雕刻了蓮華藏世界的圖畫。

所謂的蓮華藏世界就是《華嚴經》所說的世界，描繪的是宇宙的模樣。蓮花瓣的最下方，以須彌山為中心環繞著七個世界。這個世界稱為「一世界」，我們也住在其中。一千個一世界為「小千世界」，蓮花瓣中央畫了二十五條橫線，表現這個小千世界以及掌管各個小千世界的千佛聯合而成的「中千世界」。掌管中千世界的佛，是坐在蓮花瓣上部正中間的釋迦如來，周邊圍繞著許許多多的菩薩。

這樣的蓮花瓣每一片就代表一個中千世界，最後所有花瓣上的雕刻合成整個蓮花座，顯現出一個完整的大千世界。而掌管這個大千世界的盧舍那佛，正是坐在這個蓮花座上的金銅大佛。

這就是《華嚴經》的世界觀，這樣的想法很類似我們對於現在居住的這個宇宙的看法。地球所在的這個太陽系若算是一個世界，集合無數這樣的太陽系構成銀河系，許多銀河系又形成無垠的大宇宙。佛教對於宇宙的想法是非常寬廣的，這樣的想法很貼切地表現了佛教思想最基礎的部分。

銅座上的刻雕圖案，是天平時代佛教繪畫最優秀的作品之一。很幸運的，蓮花瓣的一部分留存至現今，將佛教文化鼎盛時期最珍貴的藝術表現傳達至現代。

◎銅座的蓮花瓣上刻繪著蓮華藏世界的圖像

為了迎接即將於四月八日到來的開眼會，所有的作業無不夜以繼日地不停趕工，大佛殿除了細部作業之外，已經大致完成了。當時的大佛殿高達十五丈六尺（約四十七公尺），正面寬十一間（柱子和柱子之間的距離為一「間」，十一間就是十一個柱間），共二十九丈（約八十八公尺），實在是一座相當龐大的大型建築。而大佛殿的西南方，也建造了七重塔，是一高約三十三丈（約一〇〇公尺）的巨塔。

此外，也製作了大鐘（高約三・八公尺、口徑約二・七公尺、重約二十六噸），掛在鐘樓上。這座大鐘直到慶長末年（西元一六一五年），一直是日本最大的鐘，現在仍然高掛在東大寺的鐘樓上。

四月七日，即開眼會的前一天，貴族紛紛獻上了供奉大佛的紙花。雖然開眼會訂於四月八日舉行，然而事實上，舉行開眼會的日子卻是四月九日，應該是由於某種理由（例如下雨）而不得不延期到九日的吧！

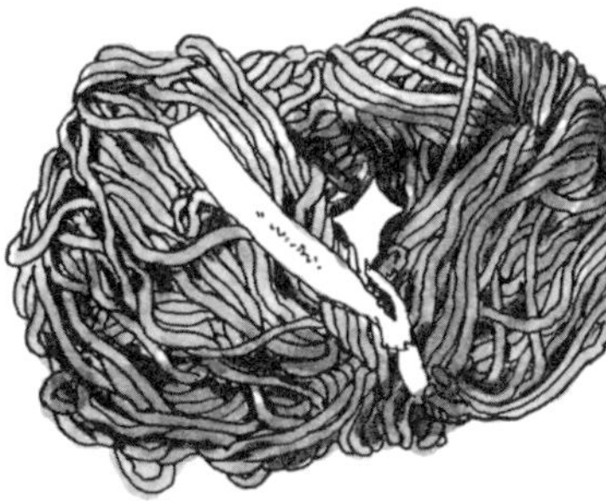

◎正倉院天平時代的開眼縷

◎天平時代的開眼筆

天平勝寶四年（西元七五二年）四月九日，終於要舉行大佛開眼會了。平城京到處人聲鼎沸，熱鬧非凡。

其實大佛還有一些鍍金、雕刻的部分尚未完成，只能勉強算是完工。這一天，盧舍那佛大佛像就正式接受供養。從天平十五年（西元七四三年）聖武天皇下詔鑄建大佛，至今已經過了九年歲月。以聖武太上天皇為首，包括國君麻呂在內的官員以及工人，一行人在膜拜大佛時，胸中必定湧起了萬千感慨和感動吧！

設在大佛殿前的布板殿（鋪上布墊的臨時平台），最前方坐著僧侶打扮的聖武太上天皇，然後是光明皇太后、孝謙天皇，其後方則是貴族、高官人等，開眼會儀式和元旦舉行的儀式大致相同。而大佛殿內，空氣中則散發著焚香的氣味，許多刺繡精美的幡旗和五色幡閃耀非凡，眾貴族在四月七日獻上的紙花也鋪滿了殿內所有的空間。

終於，在「玄藩頭」（負責主持僧尼法會和接待外國貴賓者）帶領之下，尊貴的多位僧侶依序從南門進場。首先是主持開眼會的上導師；其次是來自印度的高僧菩提僧正（應日本遣唐使邀請而於西元七三六年來日的菩提僊那）乘著輿轎，在專人為他撐起的大白傘蓋（貴賓專用的絹絲傘）下緩緩進場；隨後入場的是《華嚴經》講師隆尊和尚、誦經師延福和尚。開眼的時刻終於到來，鐘鼓齊鳴響徹雲霄，散花（遍撒蓮花瓣來供養大佛）儀式之後開始誦經。行基和尚的弟子景靜和尚的身影，也出現在僧侶的行列中。

大佛的眼睛長約一．二公尺，菩提僧正手運大筆往正中央點睛。偌大的毛筆上綁著五色縷絲（長度約二百一十五公尺的繩索），以聖武太上天皇為首的參列者一同握持著。這樣一來，大佛開眼時令人激動的震撼就從手心傳達到胸口，使在場所有的人同時湧起感動的共鳴。

話說回來，大佛高達十六公尺，菩提僧正當時到底是如何點睛的呢？是設置了高台，讓他攀登站到眼睛前的位置嗎？還是在大佛殿梁柱上架設滑輪，讓他坐在籃子裡把他拉上去的呢？雖然文獻紀錄顯示江戶時代重建的大佛，開眼時只是站在地面憑空描繪比畫，就算完成了開光點睛的儀式；但一般認為，天平時代的開眼會，應該是直接站在大佛眼前的位置完成開光點睛的儀式。

這時，遠處守望著大佛殿的群眾之間，響起了一陣陣的歡呼聲。

開眼儀式完成以後，就開始講授《華嚴經》。另外，由大安寺、藥師寺、元興寺、興福寺等四大寺廟所奉獻的各種珍奇貢品也都供奉在佛前。接著，日本和各國的音樂舞蹈，就在大佛殿前接連不斷地上演。

首先上場的是日本的五節舞、久米舞以及楯伏舞，然後是大唐的散樂、中樂、古樂，高麗國的高麗樂和度羅樂；此外，也演奏了來自越南、緬甸等地的林邑樂。一群群的樂師和舞者接連不斷地出現在舞台上，裝點著初夏熱鬧的盛會，直到日暮黃昏仍久久不歇。

除了日本僧侶之外，也有大批的外國僧侶列席觀禮，大家異口同聲地讚嘆法會的規模：「自佛教流傳以來，如此盛大的法會還是破天荒頭一遭！」能夠鑄建這樣大規模的建造物，讓外國人士對日本國豐厚的實力刮目相看，東大寺和大佛因此也發揮了彰顯國威的作用。

◎〈信貴山緣起繪卷〉描繪天平時代的奈良大佛

迎接大佛開眼會這個光芒萬丈的日子之前，在背後有成千上萬沒沒無聞的幕後功臣，辛勤流汗而撐起了整個工程。根據詳細的記載，參與建造大佛和大佛殿的總人數是兩百六十萬三千六百三十八人，其中包括：木材相關技術人員五萬一千五百九十人、其下所屬勞工一百六十六萬五千零七十一人，金屬相關的技術人員三十七萬二千零七十五人、其下所屬勞工五十一萬四千九百零二人等。以當時日本國民的人口來計算，平均每兩個人之中就有一個曾經參與這項工事，由此可見建造大佛的工程是多麼的龐大。

將天平時代的大佛和大佛殿風光面貌流傳至今的，只剩一幅平安時代所描繪的〈信貴山緣起繪卷〉。觀看這幅畫就會發現，大佛全身閃耀著金黃色的光芒，面部則彩繪成青眉紅唇。天平大佛的背光（佛像身後的光環，表示光明的裝飾），竟描繪了多達五百三十六尊化身（如來為拯救世人而幻化成各種不同的形象）。現在的大佛是江戶時代重製的，背光上只有十六尊化身。此外，原本在銅製的蓮華座下，還有大理石製的雙重蓮花座，這部分也已經不復存在，只剩下花崗岩的石壇了。

在開眼會結束之後，大佛和大佛殿的細部收尾工作就緩慢了下來，這大概是因為大佛開眼這項重大任務完成後，大家緊繃的精神都鬆懈下來，緊張感也跟著鬆弛

的關係吧。

但是，大佛的補鑄、鍍金、銅座雕刻的各種作業仍在不斷進行，到了天平勝寶八年（西元七五六年）七月，銅座和銅座下的石座（蓮花座）工程也一一完成，最後的鍍金工作，一直持續到天平勝寶九年（西元七五七年）五月前後才總算全部竣工。

聖武太上天皇達成了長年來建立大佛的心願之後，於天平勝寶八年（西元七五六年）五月二日，逝世於平城宮的寢殿。享年五十六歲。當初熱心地建議聖武帝建立大佛和東大寺的光明皇太后，決定將具有非凡紀念意義的物品全都奉獻給東大寺。

這些物品包括：聖武帝珍愛的樂器、家具、食器等身邊的愛用品，以及許多珍貴的寶物。其中甚至有遠從波斯經由絲路傳來的玻璃器皿，每件都精巧非凡，觀察這些物品就能看出當時工藝技術的確非常高超。此外，大佛開眼會所使用的開眼筆、佛具等物品也都收藏於此處。

這些物品，現在仍是東大寺正倉院最重要的寶物。由於正倉院管理寶物非常嚴格，大量的寶藏才能完整保存到現在，而成為了解八世紀世界的貴重資料。

此外，孝謙天皇也下詔發布命令：「在明年聖武帝逝世週年忌之前，一定要完成大佛和伽藍（寺院建築物）工程。」

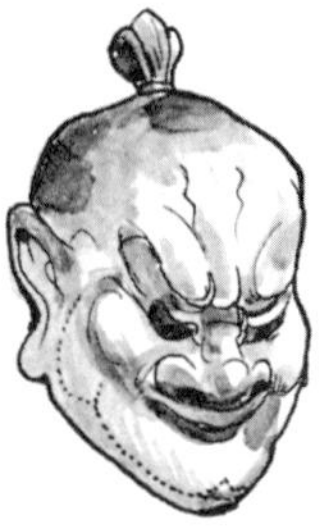

◎伎樂面具（力士）

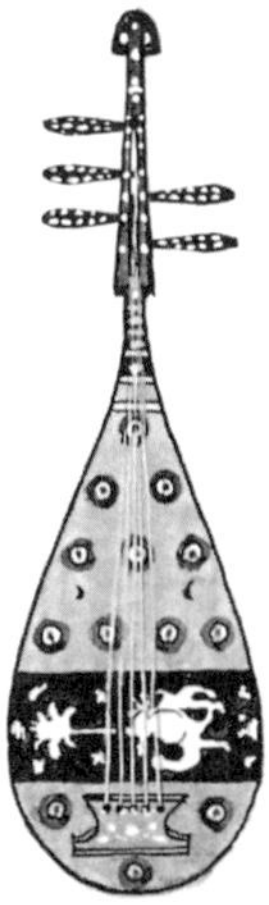

◎琵琶

◎裝飾七寶的鏡子

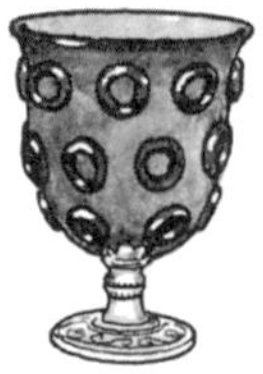

◎深藍帶赤的玻璃杯

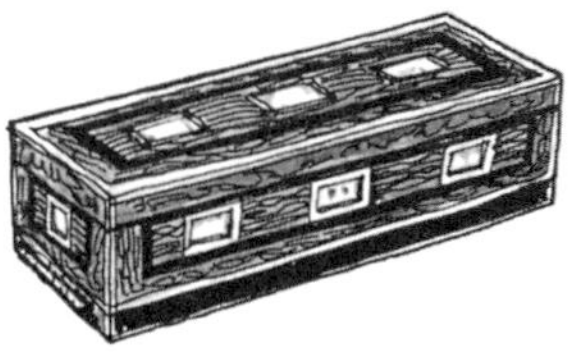

◎木製鑲嵌盒子

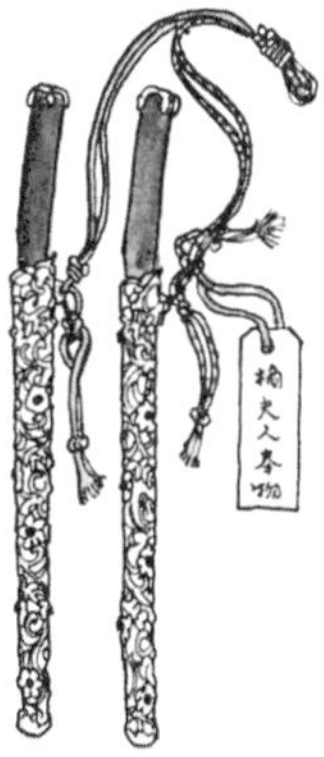

◎刀子（小刀）

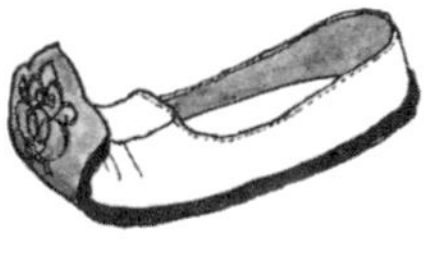

◎貴族所穿的皮鞋

◎皮帶（表面塗黑漆）

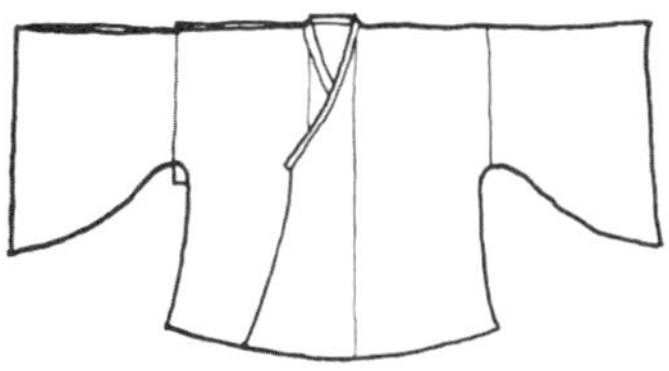

◎羅衣(儀式用的僧侶衣)

天平勝寶九年（西元七五七年）五月二日，一千五百名僧侶聚集在東大寺，舉行聖武帝逝世週年忌法會。

此時的大佛，包括鍍金的工程全都已經完成，全身閃耀著金黃色耀眼的光芒。根據《延曆僧錄》的文件，大佛佛身總重約二五〇・二噸，銅製的蓮花座則重一二九・二噸，合計重達三七九・四噸，是全世界少見的特大銅鑄佛像。此時，大佛殿也已經先完工了。

回想起來，從下詔鑄建大佛至今，已經過了十四年的歲月了。

到了天平時代後期，主要的建築物大致已完成了，但建造寺院伽藍的工程仍持續著，要到進入平安時代，才終於全部竣工。為了配合雄偉的本尊盧舍那大佛，建造了非常龐大的七堂伽藍。所謂七堂，就是指寺院的金堂（大佛殿）、講堂、塔、鐘樓、經樓、僧房和食堂。

以大佛殿為中心，四周環繞著精美的迴廊，在大佛殿的南側，其東西方各建了一座迴廊環繞的大型七重寶塔。整個東大寺不愧是以當時最高超的建築技術所完成的伽藍。

東大寺中還收藏了許多珍貴的藝術品，從這些天平時代的藝術品中，可以看出當時所受唐代以及世界各地文化的影響。

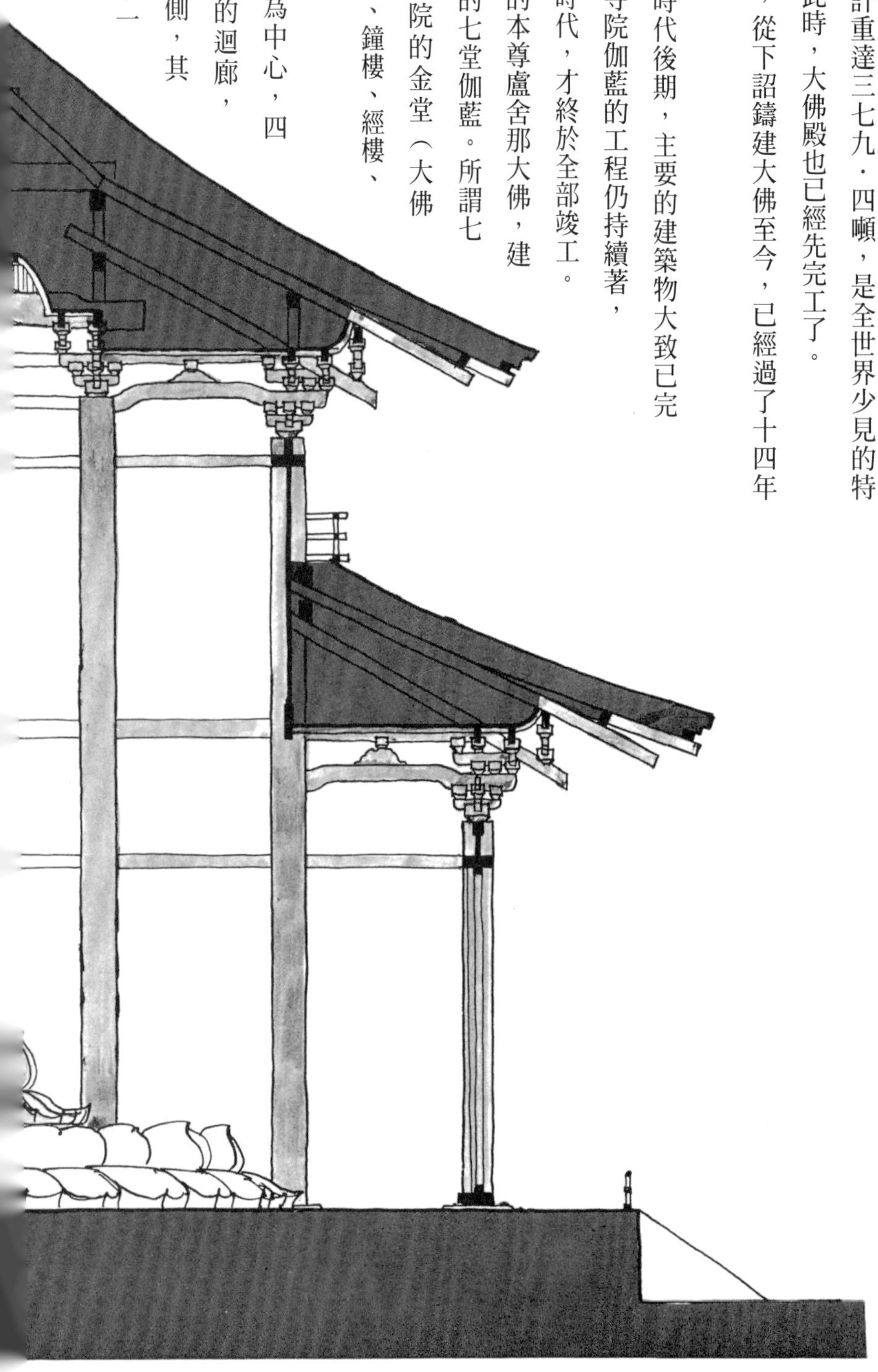

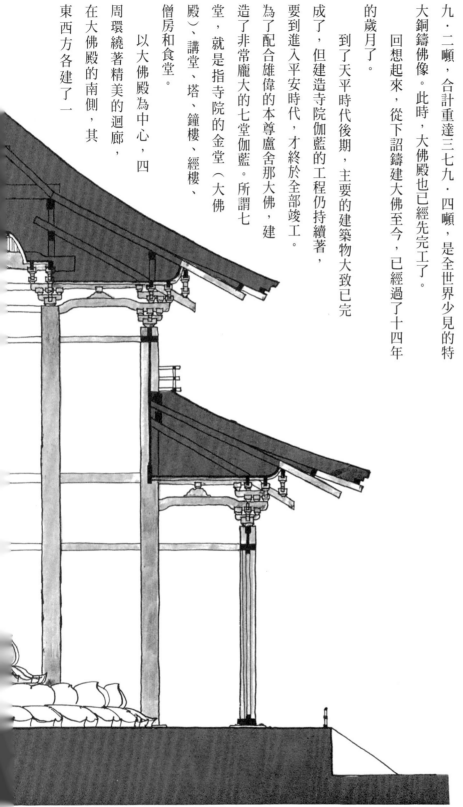

◎天平時代後期的東大寺伽藍已經大致完工

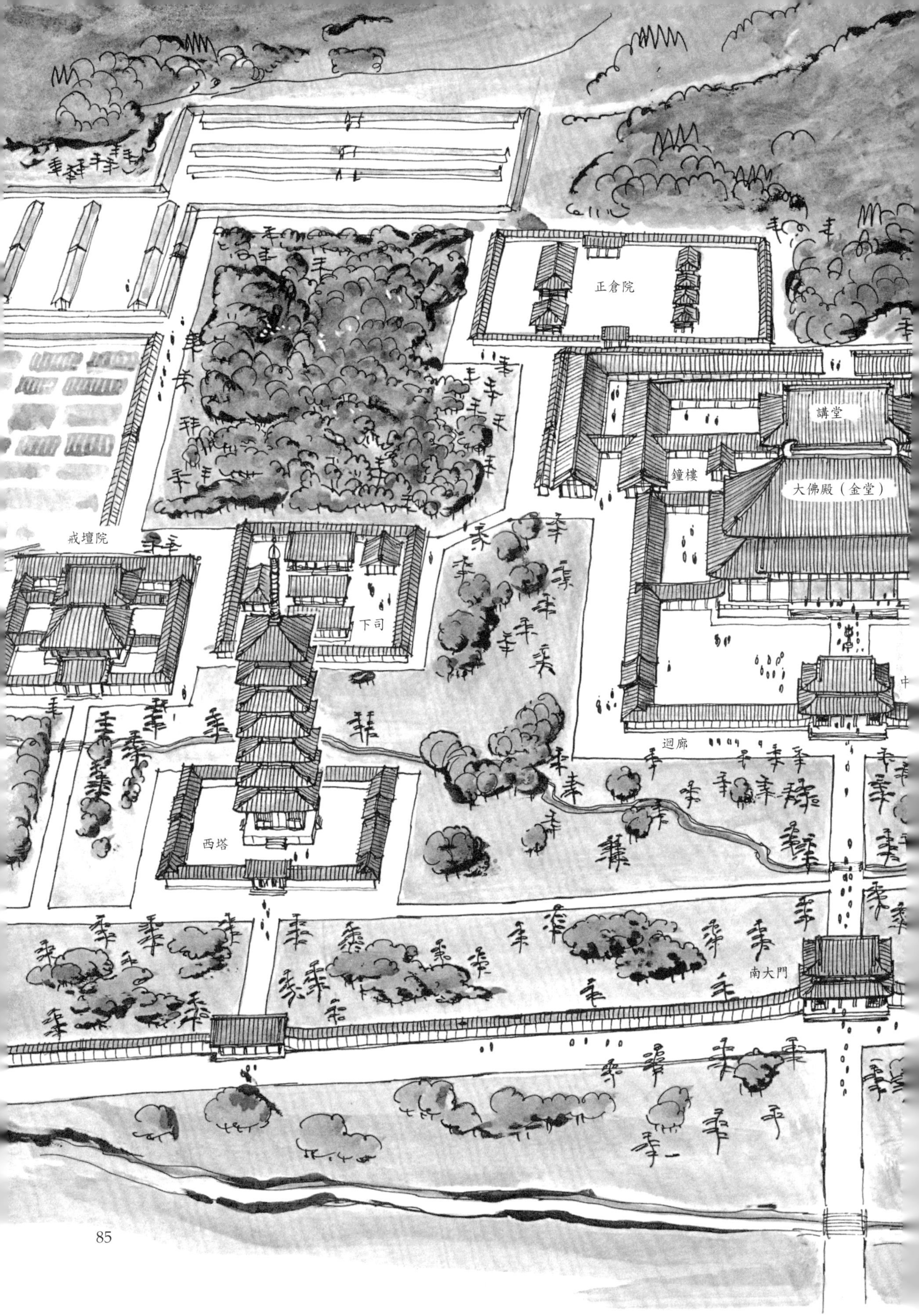
正倉院
講堂
鐘樓
大佛殿（金堂）
戒壇院
下司
中
迴廊
西塔
南大門

奈良大佛的歷史

西元	時代	年號		大事紀
七四〇	天平	天平	十二	二月聖武天皇、河內等人前往知識寺拜見盧舍那佛。
七四三	（奈良）		十五	十月十五日聖武天皇宣旨在紫香樂宮建造金銅的盧舍那大佛。
				十月十九日在紫香樂宮壂地準備建大佛，同時行基和尚率領弟子呼籲眾人參與。
七四四			十六	十月十三日於甲賀寺豎立大佛骨架。
七四五			十七	八月二十三日移至平城京的山金里，重新鑄建大佛的工程。
七四六			十八	十月六日燃燈供奉盧舍那佛。
七四七			十九	九月二十九日開始鑄造大佛。
七四九		天平感寶	一	四月一日向大佛報告挖掘到金礦的喜事。
		天平勝寶	一	十月二十四日大佛本尊的鑄造工程完成。
				十二月開始鑄造大佛的螺髻。
七五〇			二	一月開始為大佛補鑄。
七五一			三	六月大佛螺髻全部鑄造完成。
				九月二十三日大佛的脅侍像，觀音菩薩、虛空藏菩薩完成。
七五二			四	二月開始在銅座蓮花瓣上雕刻圖案。
				三月十四日開始為大佛鍍金。
				閏三月二十三日西塔院完工。
				四月九日舉行大佛開眼供養會。
七五四			六	四月五日鑑真和尚在大佛殿前設戒壇，為聖武太上天皇、孝謙天皇等人傳授戒律。
七五五			七	一月大佛補鑄工程結束。
七五六			八	五月二日聖武太上天皇逝世。
				七月二十九日銅座雕刻完工。
七五七		天平寶字	一	五月二日舉行聖武帝逝世週年忌。大佛與大佛殿完工。
七七一		寶龜	二	大佛後方的木造背光竣工。
七八六	平安	延曆	五	大佛臀部出現裂痕，最後嚴重到左手斷裂落下。

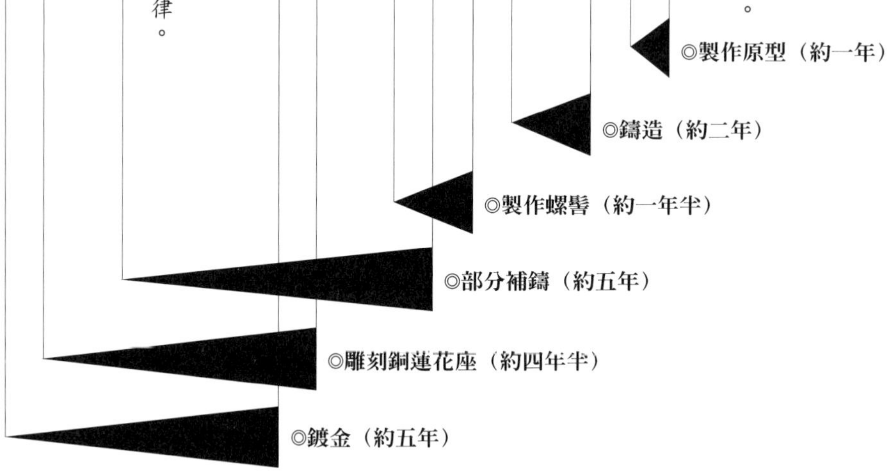

八二七		天長	四	四月十七日大佛臀部凹折下陷、頭部傾斜。在大佛後面堆築土山（佛後山）防止繼續惡化（圖A）。
八五五		齊衡	二	五月二十三日（十七？）受地震影響，大佛頭部脫離佛身滾落下來。
八六一		貞觀	三	三月十四日重新將頭部裝回大佛，舉行開眼供養儀式。
一一八〇		治承	四	十二月二十八日平重衡燒毀大佛殿，大佛頭部、手部也損傷掉落（圖B）。
一一八一		養和	一	一月八日重源上人籌備整修大佛，並重建大佛殿（圖C）。
一一八四	鎌倉	壽永	三	六月二十三日宋朝的鑄造師傅借助佛後山之便，完成大佛的鑄造。
一一八五		文治	一	八月二十八日在雨中舉行大佛開眼供養儀式，由後白河法皇執筆開眼（圖D），移除佛後山。
一一九五		建久	六	三月十二日最新建築式樣的大佛殿（大佛式）竣工，尺寸和天平時代相同。源賴朝也列席參加大供養會。
一二〇三		建仁	三	十一月三十日東大寺大佛、伽藍及所有佛像全部復原，舉行總供養會。
一五六七	室町	永祿	十	十月十日三好、松永兩氏戰爭，造成大佛殿全部燒毀，大佛除腰部以下一部分外，大半都遭到熔毀（圖E）。
一五六八			十一	山田道安修補大佛，暫時安裝木製頭部，並在表面貼上銅片。
一五六九			十二	七月十八日補鑄大佛膝部等部分佛身，但此後大佛長期暴露在風吹雨打之下（圖F）。
一六八四	江户	貞享	一	五月八日公慶上人為再度興建大佛殿而向幕府請願（圖G）。
一六九一		元祿	四	二月三十日鑄造師彌右衛門國重，完成大佛的修理工程。
一六九二			五	三月八日至四月中旬，進行長達五十天的大佛開眼供養會（圖H）。
一七〇九		寶永	六	三月二十一日至四月八日舉行大佛殿落慶供養（慶祝落成的儀式），大佛殿的高度和側面寬度都和天平、鎌倉時代相同；唯獨正面稍窄，少了四間，但仍是世界最大的木造建築物。
一九〇三	近代	明治	三六	七月一日動工整修大佛殿。
一九一五		大正	四	五月二日至十七日舉行大佛殿的落慶供養。
一九五二		昭和	二七	十月十二至十九日大佛開眼一千二百年，舉行紀念法會。
一九七四			四九	六月開始大佛殿的昭和大整修。
一九八〇			五五	十月舉行大佛殿落慶大法會（圖I）。

	現在的大佛	天平時代的大佛
座像高度	1,498公分	1,580公分
面孔縱長	533公分	473公分
面孔橫寬	320公分	280公分
眼睛長度	102公分	115公分
鼻子橫幅	98公分	87公分
鼻子高度	50公分	47公分
口唇長度	133公分	109公分
耳朵長度	254公分	251公分
手掌長度	148公分	165公分
中指長度	（左）108公分	148公分
腳足尺寸	374公分	355公分
膝蓋厚度	（左）223公分	207公分
銅座高度	304公分	295公分
石座高度	252～258公分	236公分

◎天平時代的大佛尺寸，是依據《大佛殿碑文》中記載的數字計算，以當時用的唐尺（一唐尺大約相當於現在的九吋七分，約等於29.6公分）換算出來的數值。而現在的大佛尺寸，記載的是依據昭和49年1月進行的照相實際測量所求得的數值

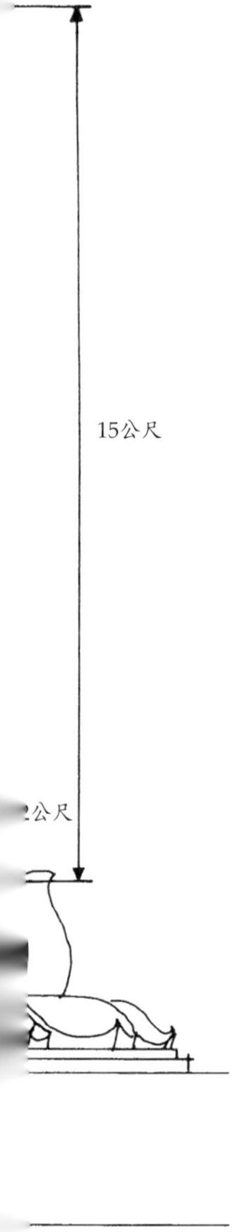

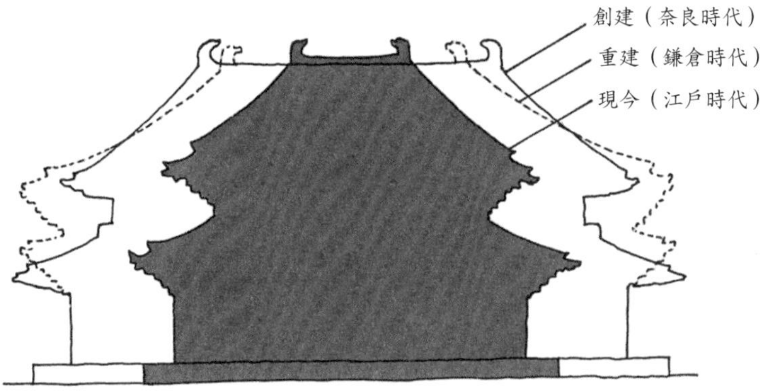

◎天平時代所創建的大佛殿，尺寸爲正面寬11間，即29丈（約88公尺），側面爲17丈（約52公尺），高度爲15丈6尺（約47公尺）。鎌倉時代重建的時候，也是以和天平時代同樣的規模建造的。而江戶時代重建的現今這座大佛殿，雖然側面以及高度都跟創建時大致相同，但是正面寬度減爲7間，只剩大約57公尺

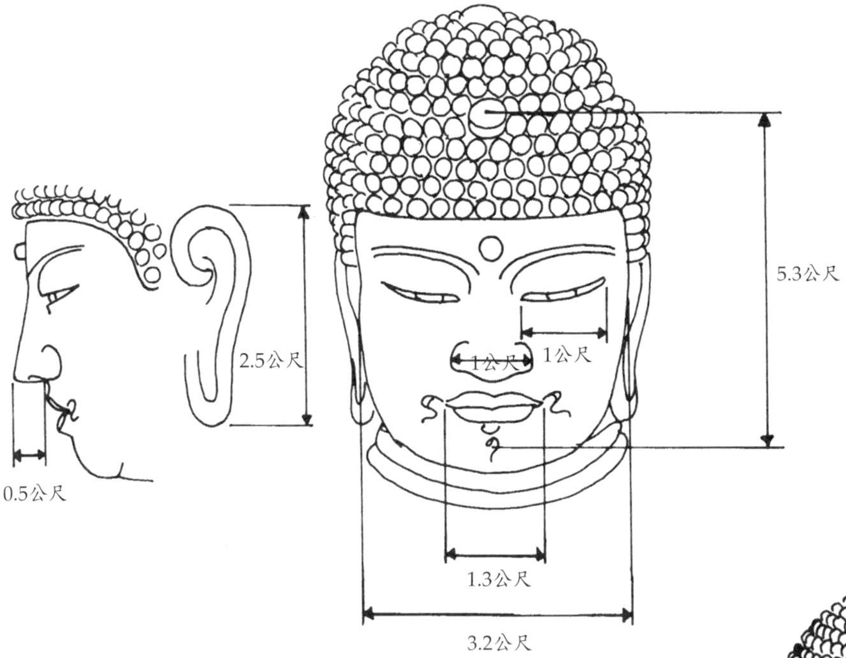

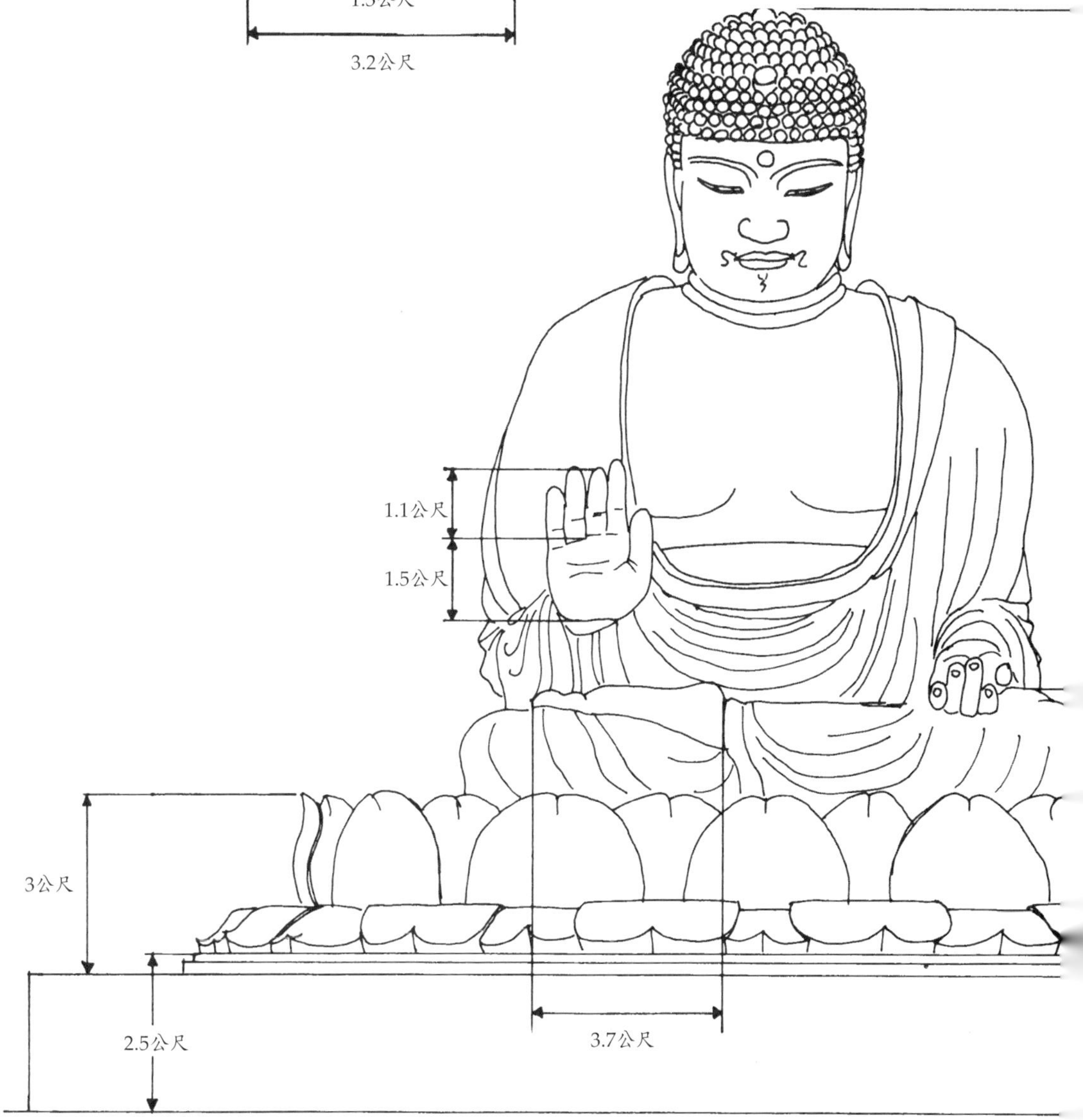

◎尺寸的計算在公分以下採用四捨五入

解說

香取忠彥

❖天平時代的佛教❖

佛教係於西元六世紀中葉傳入日本。當時的日本人第一次見到這異國的佛像時，是如何的驚訝呢？由當時《日本書紀》一書中關於佛教傳來的記載：「欽明天皇十三年（西元五五二年），天皇曰：西蕃國上貢的佛像其相貌莊嚴堂皇，前所未見，朕也尋思應否禮佛……」可見其驚異之一斑。當時建議天皇接受佛教的蘇我氏以及反對佛教的物部氏，兩者激烈衝突的結果，蘇我氏獲得勝利，佛教也因此得以逐漸深入日本文化中。

西元七、八世紀時，能接觸到佛教的都是貴族階級以及地方豪族，連僧侶也都出身於這些階級。之後，開始建設大型寺院，當時的寺院是隸屬於律令國家的設施，因此這些寺院所舉行的各種佛典儀式，都與國家政治關係密切。例如天智天皇的梵釋寺、持統天皇的藥師寺都是典型的例子。這段時期的歷代天皇都致力於經營官方寺院，並且給予層層厚實的保護。

◎東大寺的金銅八角燈籠

建造佛寺、製作佛像、抄寫經典等努力，都是為求佛力靈驗庇祐，在寺院的所作所為，也都是為了祈求皇室和國家的安全繁榮。到中國大唐留學的僧侶道慈，費心思制定出家的規矩，並在宮中講解《金光明最勝王經》，使佛教成為一種鎮護國家的工具。之後，鑑真和尚從唐朝帶回來的新佛教思想，也才能有機會在這個根基上成長茁壯。

❖行基與良弁和尚❖

在當初建造大佛之際，僧侶具有舉足輕重的地位。其中一位就是行基和尚。行基和尚（西元六六八～七四九年）出生於和泉國，雙親都是渡來人（外來移民，特指西元四至七世紀來自中國大陸和朝鮮半島的移民——譯註）的豪族後裔，傳聞他幼年就出家進入官寺佛門，但是並無正式記載能證實這個說法。他在養老元年（西元七一七年）前後活躍於民間，極受豪族以及農民百姓支持。他也興辦各種事業，為了傳教說法和遂行事業，就在各地興建道場（私人的寺院），造橋修路、挖掘渠道水池、為稻田引水灌溉、為不幸無家可歸的人布施、建造房舍，並在說法時講解罪與福，也就是佛教的因果報應思想。人們受到行基和尚的感召，逐漸相信若能積極參與各項佛教事業，對自己也是一種救贖。於是在短短的時間中，就在近畿地方建設了四十九所道場。

另一方面，良弁和尚（西元六八九～七七三年）是開創東大寺的僧侶。有人說他是渡來人的後裔，也有人說他是近江人或相模人，卻眾說紛紜而真相不明。傳說他在嬰兒的時候被大鷲抓走，放在春日神社前的大杉樹（現在這杉樹就稱為良弁杉）枝枒上，義淵和尚把他救了下來，並且教導他佛教思想（行基和尚也同樣受教於義淵和尚）。之後，良弁和尚跟隨來自新羅的審祥和尚學習《華嚴經》；接著就離開俗世，深入奈良東山之中，日夜修行。聖武天皇聽說他豐厚的學養和高尚的品德，特賜與羂索堂（三月堂）。後來他成為東大寺的第一代「別當」（在東大寺、興福寺等大寺設置的僧官，統理一山的寺務——譯註），最終獲得「僧上」的稱號。

❖大佛的損毀與重建之歷史❖

為何一千二百年前會決定興建這麼巨大的佛像呢？原因應該跟《華嚴經》脫離不了關係，這部大格局的經典對於日本人精神上的影響力非常深遠。而有些說法認為當時只是仿效中國大陸文化建造大佛，這樣的答案可能失之於偏頗。

倘若天平時代人人無憂無慮，生活充滿喜樂，那別說不需要大佛，連最小的佛像也都不必要。然而，天平時代人民的苦惱和煩悶，恐怕是再大的佛像都無法消泯的，正因如此，才更需要建造大佛。

而在另一方面，正倉院也保留了無數異國的文化遺產，豐富到有人聲稱若沒有正倉院的寶物就無法理解大唐文化。天平時代的人們對於異國文化的渴望，正如同成長期年輕人的旺盛食慾一樣，有著極大的熱情。

天平時代就是這樣一個充滿渴望與熱情挑戰的時代，而站在這個天平時代文化頂點的，正是奈良大佛。

不幸的是，千辛萬苦才完成的大佛像，在延曆五年（西元七八六年）從大佛臂部開始破損，僧侶實忠暫時做了些應急的修補措施。到了天長四年（西元八二七年），因為大佛臂部凹折下陷、高度減低，頭部也向西方傾斜了六吋（約十八公分），故在大佛身後築起小土丘來支撐。但是齊衡二年（西元八五五年）發生地震，使得大佛頭部脫離佛身整個滾落下來。此時，以真如親王為中心，展開整修大佛的作業，在貞觀三年（西元八六一年）三月整修完成後，也比照天平時代的開眼會舉行了開眼供養儀式。

平安時代後期，大佛被捲入源平兩氏之間的戰亂，而在治承四年（西元一一八〇年）十二月二十八日，遭平重衡的軍隊燒毀。翌年，藤原行隆受命為造寺長官，以俊乘房重源上人為中心，加上後白河法皇、九条兼實等宮廷貴族，以及以源賴朝為首的鎌倉武士的強力協助，更獲得庶民百姓的喜捨，很快就展開了大佛的修復工程。此外，中國宋朝的鑄造師陳和卿，以及許多日本鑄造師也加入行列，終於修復了大佛。

其後，日本進入戰國時代，永祿

十年（西元一五六七年）十月十日，松永久秀（一五一〇～一五七七年，戰國梟雄，在與三好氏對戰時燒了東大寺大佛殿——譯註）引發的戰火使大佛受到極大損害。這是在織田信長還沒上京之前，戰國時代最黑暗時期所發生的事情。但即使是在戰國時期兵荒馬亂的時代，翌年還是展開了重建的工程，而過渡期間，山田道安和尚還以木芯貼上銅片製作克難的佛頭暫時安裝。到了江戶時代的貞享、元祿年間，才由龍松院公慶上人進行正式的修復，在元祿五年（西元一六九二年）完工後也舉行了大佛開眼供養儀式。

如此可見，大佛即使遭受燒毀損傷，也一定會立即出現有心人士立志重建，而且每次的修復工程中，庶民百姓也一定通力合作。治承時期主持修建作業的中心人物重源上人，步行全國各地化緣募集善款。貞享、元祿年間的公慶上人也遂行重源上人的意志，不分對象的貧富貴賤，一視同仁地「勸進」（修建佛像和寺院而布施寄付錢財）眾人布施金額。早在天平時代，建立大佛的中心人物行基和尚，就是以這樣堅強的意志樹立典範，推行建佛活動；而這樣的大佛，不管在哪個時代，也都一直不斷地召喚庶民大眾的參與。

明治時代因為大佛殿年久失修，屋頂漏雨淋濕大佛，東大寺的僧侶沿街托缽，化緣行跡遍布全國，向各地庶民呼籲喜捨。奈良市中的有志女性也每天晚上敲鑼鳴鈸、詠唱歌謠勸進布施。有這樣主動參與的庶民在幕後強力推動，政府也就不能再漠視了。昭和年代的大佛殿大整修也同樣經歷如此的過程。可以說大佛一直是庶民百姓的共同財產，同時也是國家文化的重要遺產，

現在的大佛由於屢遭重大災難，只有很少部分還殘留著天平時代的遺跡。不過，銅製的蓮花座（銅座）除了一些修理的痕跡之外，大致上還維持著當初建造時的模樣。而在這銅座上面的大佛，雖然遭逢多次災難，但我們可以從中感受到，每次災難後，人們對修復大佛所投入的強烈心願；而這心願，讓大佛到現代仍能維持跟天平時代大致相同的體型（也就是說巨大佛像的基本構造比例幾乎完全沒變），並能重新獲得生命，這可以說是一件相當幸運的事。

❖建造大佛的各種問題❖

「鑄造」一詞在一般生活中並不常見，意思是用高熱熔化堅硬的金屬，澆灌入事先準備好的鑄模中，製作某種形狀的器物。若要鑄造中空的器物，就需要製作母模（外模）和公模（內模）。日本在彌生時代就已經從大陸學習到利用金屬的方法，開始會製作銅劍、銅矛、銅鐸等物品，到了古墳時代，更進步到能製作馬具、銅鏡。

隨著佛教傳來，日本人也學會了鑄造寺院中的本尊佛鑄像和佛具等，鑄造技術也更加發達。澆入金屬熔液的鑄模是用泥土塑成的模型，在土模型上挖出和所鑄器具完全相同的形狀，這種簡單的方法，就是所謂的

「惣型鑄造」（見26、27頁）。當時利用這種「惣型」製作梵鐘、鏡子，以及茶道的燒水壺等器具。最近在大阪府東奈良、奈良縣唐古、兵庫縣名古山等地，都發現了製銅鐸用的石模，這些石模的基本原理也跟惣型鑄造是相同的。

此外，從飛鳥時代到天平時代，也流行一種稱為「脫蠟法」（見26、27頁）的蠟模鑄造，用來製作佛像和小金銅像。這個方法是先用蜜蠟作蠟模原型，再以泥土包裹蠟模外層，加熱燒烤，讓蜜蠟融化流出，內部形成中空，然後將熔成液狀的金屬澆灌進去。現在的正倉院還留有一些像紅豆麵包形狀的蜜蠟（從蜂窩取出的蠟），用繩子串在一起存放著。惣型和蠟模這兩種方法都是古代鑄造方法的主流。

東大寺的盧舍那大佛，動用了天平時代最精良的工業技術，以及鑄造、美術工藝最頂尖的技術來建造。倘若巨大佛像建造完成時的完整模樣能留存到現代，對於揭開美術史上的許多疑團，應該會有很大的幫助。惟因佛像幾乎絕大部分已不復存在，使得許多疑問無法解決。高達十六公尺的巨大佛像到底是如何鑄造的？對於研究人員而言，解決鑄造技術的疑問，比藝術價值的評價更為重要。

關於鑄造大佛的種種疑惑多得不勝枚舉，在此先整理如下：

第一，關於建立大佛的思想基礎。到底是基於哪一部經典呢？比較有力的說法是《華嚴經》（見9頁），但是也有《梵網經》一說，甚至還有人主張應該把其他經典也一併考慮。

第二，關於鎮壇具（見24、25頁）。據說天平十七年（西元七四五年）八月二十三日，聖武天皇、皇后及諸位高官，在擂土準備鑄造大佛台座時，為祈求寺院和大佛的安泰，而在大佛台座周圍埋下鎮壇具寶物來鎮壓。但是也有人認為是後來蓮花瓣完成時才埋藏作紀念的。

第三，關於天平十八年（西元七四六年）供養大佛塑像原型所舉行的燃燈供養。一說是當時點燃一萬五千七百多個燈火，上千名僧侶手持油燭繞大佛原型三匝（見35頁）的供養儀式。另一說法認為，這不是為供養大佛原型，而是為了供養聖武天皇的銀製盧舍那佛，這座佛像後來安置於東大寺千手堂中。

第四，關於安裝於大佛頭頂的螺髻（見65頁）。紀錄顯示螺髻（螺髮）完全由銅製成，所以有人認為螺髻是敲打金屬製作的鍛造物，而不是鑄造出來的。

第五，關於建造大佛最重要的一個問題——銅製的蓮花座（銅座）到底是比佛身先鑄造，或是佛身完成之後才製作。據《七大寺巡禮私記》記載，從天平勝寶二年（西元七五〇年）到天平勝寶八年（西元七五六年），進行了銅座的某種鑄作（鑄□，原文佚失一字）。這項作業當然可以解釋為鑄造銅座，但在《東大寺要錄》的記述則顯示，這時銅座已經完成，連形狀都已有了詳盡的記載。

此外，在剛完成的大佛殿中，已經在進行佛身的補鑄和鍍金工程，若要同時鑄造銅座，那麼殿內有限的空間，是否會讓工事進行過於困難呢？更何況蓮花座對於盧舍那佛而言，具有特別重要的意義。本書基於這些理由來推測，認為應該是先鑄造台座，也就是從銅座開始往上一層一層依序鑄造。

第六，關於蓮花座的雕刻作業。如第70、71頁所敘述，雕刻的內容具有很深的涵義，和盧舍那佛的關係非常密切，所以一直匆忙趕工直到開眼會的前一刻還不停地進行雕刻作業。本書因而提出了全新的見解，主張《七大寺巡禮私記》記載的銅座鑄作期間，進行的是蓮花瓣的雕刻作業。

❖推敲古代的鑄造技法❖

第七，關於鑄造的方法。本書採用的說明（見36～43頁），是將一段份的原型取出後，再澆入熔化的銅液，一口氣完成一整段的鑄造。不過，將一段分割成幾個部分來鑄造也十分可能。

第八，關於銅原料的熔解。很可惜的，目前找不到能說明當時鎔爐構造的資料。《東大寺續要錄》的記載中，在壽永二年（西元一一八三年）整修大佛時，利用天長四年（西元八二七年）為支撐大佛所建的佛後山，建造了三座口徑一丈（約三公尺）、高一丈多的大爐，作為鑄造之用。

對於當時鑄造的情景，書中有「如大江長河之流，飛焰上竄空中，似烈火燒泰山，轟聲如雷，聞者無不驚動……」之敘述，在鑄造如此大型的大佛銅像時，熔融金屬景象非常壯觀，可見鑄造規模必定相當宏偉。

此外，天長四年（西元八二七年）的太政官牒也有這樣的記載：「夫昔日著手之初，削大地而造像、傾洪爐（大爐）而鑄成，金泥如雨傾盆而下。」敘述了鑄造時的壯觀景象。《七大寺巡禮私記》的記載則顯示，鑄造天平大佛時，建造的大爐共達五百個之多。

除了大佛之外，也能從其他大型鑄造物一窺端倪，例如：模仿天平時代的東大寺大鐘（見73頁）而於慶長十九年（西元一六一四年）鑄造的京都方廣寺大鐘就是一例。根據《駿府記》的記載，這座後來成為豐臣氏滅亡原因的大鐘，在鑄造時為了熔鍊一萬七千貫（一貫＝三．七五公斤，總重為六萬三千七百五十公斤──譯註）的銅，而建造了一百三十二座腳踏式鼓風箱。

另一個例子是距今較近的年代：明治十四年（西元一八八一年）為了鑄造岡崎市上衣文神五鞍的衣文觀音渭信寺的大鐘，在小山丘上建造了七座鎔爐。這座鐘口徑約一五三公分，重達一千二百六十貫（約四千七百公斤）；描繪當時鑄造情景的梵鐘鑄造圖，現收存於岡崎市菅生町字蟹澤的木村家。

在明治初期之前，還沒有如現代這般品質精良的焦炭，需要用當時稱為「吹炭」的高品質堅硬木炭來熔化金屬，並使用人力送風的鼓風箱（所謂的腳踏式鼓風箱）來送風。在踩踏鼓風踏板送風時，需要好幾個工人抓住頭頂上端的繩索，用全部體重來踩踏鼓風踏板，這樣的工作方式比不上現代化設備的效率，起碼要花費好幾個鐘頭才能將金屬熔化。

腳踏式鼓風箱的詳細構造並不十分明瞭，只能參考昭和初期使用的工具來推測（見40、41頁）。先製作稱為「甑爐」（熔解爐）的圓筒形小爐來熔化金屬。爐下的基台是用木炭粉末和黏土等混合土做成的，基台上的爐以紅磚砌成外壁，內壁則塗覆耐火黏土（軟質黏土），最後用鐵條（天平時代已能製作鐵條）在爐壁外側補充強度。爐的下方開設讓熔化的銅液流出的開口，平時則用土栓塞住。而在另一側上方，則開另一口讓鼓風箱的風能送進來。

設置鼓風箱的時候，先挖掘長方形的洞穴，以泥土的沙袋為壁，再塗上石灰和砂土混合的灰泥來補強。底部則以中心線為頂點，兩端各向左右往下傾斜（從頂點朝兩端呈下坡狀），在底部預留淺溝好讓空氣流出。然後以呈三角狀尖起的頂端為中心支軸，放置長方形如翹翹板似的木踏板。踏板兩側開有吸入空氣的小孔（窗），窗口以細繩子綁住的擋板（擋風板），則可發揮進氣閥門的作用。

鎔爐完成後，先放入一些柴薪，燃燒柴薪以去除爐內水分。然後把松炭放進去點燃火苗，踩踏鼓風箱送入空氣，視加熱狀態投入金屬材料，才能順利熔化金屬。鎔爐高度為二．五公尺，口徑也有一公尺左右，一次能熔鍊大概五百貫（約一千九百公斤）左右的金屬。

奈良大佛每一次鑄造的量到底是多少，詳情無法得知，假設蓮花座分成兩次鑄造的話，一次就需要六十噸。若是連鑄造過程中自然減少的量也計算進去，即使是相當大型的圓形鎔爐，每次能熔鍊一噸的銅，也需要有一百座左右才夠用。之所以會認為當時採用腳踏式鼓風箱，是因為當時的文件記載中，能找到「吹皮作工」的職位名稱之故。

以上，列舉了八項問題，但除此之外，關於建造大佛的工作還有很多不明瞭之處。

本書並未詳細解說天平時代的歷史，只整理考究了《續日本紀》、《東大寺要錄》、《七大寺巡禮私記》等流傳至今的古代文獻，關於大佛完成過程的記述。《續日本紀》中並未記載首都遷移到平城京之後的大佛鑄造過程，而從《東大寺要錄》中則可略知一二。只是關於技術方面的記述卻幾乎付之闕如。

參與大佛製作的技術人員、工匠等人所付出的心思、辛勞之多，恐怕是再精緻的言語也無法說明。從這個角度來看，天平時代真可以說是屬於工匠的時代。

製作大佛的那個時代，東大寺的佛像有：法華堂的本尊、不空羂索觀音像（見15頁）、金銅製的釋迦誕生佛（見4頁）。另外大佛殿前的金銅製八角燈籠（見90頁），其燈膛表面雕繪正在演奏樂器的圓臉音聲菩薩之浮雕，這些都是同一時期的作品。

若試著想像天平時代的東大寺伽藍配置，腦海裡馬上會浮現容納大佛的金堂，並對其巨大的規模而感到驚訝不已（見84、85頁）。金堂具有七堂伽藍（七堂的「七」代表「悉數、全部」之意），而且東西方各聳立著高達一百公尺的七重塔；東大寺居於全國各地國分寺的中心地位，而大佛蓮花瓣上雕刻的釋迦，可算是各國分寺丈六佛的本尊，能聚集全國佛像於一堂的畫面，即使僅只想像也能感受到其壯觀。

集結天平時代庶民百姓的精力而建成的東大寺，寺域境內有山、有谷、有池塘，而屹立於中心的金堂，端坐著高達十六公尺、金光燦爛的盧舍那佛大佛像，顯現的正是宇宙規模的宏偉世界。

釋迦如來　開創佛教的釋迦牟尼。意指古代印度釋迦族（高貴的姓）出身的尊貴者（聖人），而如來則表示領悟真理的人。兩側的脅侍多半是文殊菩薩和普賢菩薩，或者藥王菩薩、藥上菩薩。

藥師如來　藥師琉璃光如來的簡稱。是東方淨土（神佛所居的清靜樂土）琉璃光世界的教主。發十二大願，是拯救病苦、發願滿足眾生世間一切慾望的佛。兩側的脅侍是日光菩薩、月光菩薩。

阿彌陀如來　為拯救眾生脫離輪迴往生極樂淨土，而在西方十萬億土之地建立淨土世界的大慈悲佛。脅侍為觀音菩薩、勢至菩薩。

盧舍那佛　是毘盧舍那佛的簡稱，光明普照宇宙萬物的佛名，出自《梵網經》和《華嚴經》，釋迦如來也是毘盧舍那佛的分身之一。奈良大佛是最具代表性的毘盧舍那佛像。

彌勒菩薩　現於名為兜率天的淨土修行，將於釋迦涅槃後經過五十六億七千萬年後（遙遠的未來）現身人世，代替釋迦解救眾生的佛。佛像多半呈半跏思惟（一隻腳架在膝頭的座像，隻手托頰作思考狀）。

觀世音菩薩　聽聞眾生的痛苦，立即前往拯救苦難的菩薩。因應不同的需求而現三十三種身形。本尊為正觀音（聖觀音），居住於南海補陀落山。

虛空藏菩薩　福慧具足，如天空般廣闊無邊的菩薩。應眾生的要求賦予現在、未來的利益。

不空羂索觀音　羂為網，索為釣魚線，意指以張網捕鳥、垂絲釣魚來拯救眾生的菩薩。通常為一面三目六臂（手），手持蓮花、繩索等物，身穿鹿皮。

帝釋天　原為印度婆羅門教的天神。驍勇善戰，曾與阿修羅（喜好戰鬥的鬼神）交戰，在佛教中成為守護佛法的神。

梵天　跟帝釋天同樣本是婆羅門教的神祇，創造天地。在佛教中成為掌管人間世界的神。

四大天王　佛教中守護四方的神，東方為持國天王、西方為廣目天王、南方為增長天王、北方為多聞天王。本來是帝釋天家的僕侍，受命調查世人的善惡行止，掌管國土安全、風調雨順、五穀豐饒。身穿甲胄，足下踩踏邪鬼。

誕生佛　童顏的釋迦立像，安置

在稱為灌佛盤（浴佛盤）的大型平缽中。在四月八日釋迦誕生日那天，灑水浴佛（在日本是澆灑甜茶）供養的花祭（浴佛節）所用的佛像。

金銅　在銅或者青銅表面鍍金，因為鑄造容易，視覺上又能達到跟黃金製品同樣的效果，所以廣泛運用於美術工藝品、佛像、佛具方面。

《金光明最勝王經》　源於西元五世紀的印度。為永遠的佛說法，以慈悲和懺悔為最高德行，禮讚弁財天和四大天王。能誦讀此經，國家必可得四大天王之守護、風調雨順、五穀豐饒。

《法華經》　《妙法蓮華經》之簡稱，源於西元前後的印度。以優美的文藝表現，解說佛永遠的生命。在日本受聖德太子、最澄和尚的重視，成為日本佛教教學的中心。

《華嚴經》　《大方廣佛華嚴經》之簡稱，在釋迦涅槃之後四、五百年集結而成。以華美的花朵比喻廣大真實的世界，言說佛無所不在、與一切眾生萬物同在、更與一切眾生萬物共有（一切即一，一即一切）的經典。東大寺的大佛即根據此經所述的本尊來製作。

《梵網經》　也稱為《菩薩戒經》，據考證是在中國集結成的。講述菩薩的上進心、應遵守的正道。

《東大寺要錄》　集結東大寺的古紀錄，編纂為十卷。由觀嚴和尚編輯，於嘉承元年（西元一一〇六年）完成。不僅記載奈良時代、平安時代的歷史，在社會、經濟方面的史料也占重要地位，《東大寺要錄》的續篇《東大寺續要錄》，繼續收輯編纂到鎌倉時代中期為止。

《七大寺巡禮私記》　也稱為《親通記》，作者大江親通於保延六年（西元一一四〇年）巡禮南都七大寺（通常指東大寺、興福寺、元興寺、大安寺、藥師寺、西大寺與法隆寺；有時以唐招提寺取代法隆寺），記述所見塔堂、佛像、寶物的書籍。

【後記】之一

天平時代的人們，到底是如何建造那座巨大的奈良大佛呢？當時的物品幾乎都沒能留存到現代，我們只能從一些蛛絲馬跡來推測考察。尤其關於實際鑄造技術的記載，遍查文件紀錄，能找到的資料卻幾近於無。本書的插畫，主要是根據香取忠彥先生的專家意見而描繪，不過我個人的想像和私人的趣味也占了不小的比例。

大佛面部神情如何？使用了些什麼樣的道具？無法得知詳情的部分太多，呆坐著說「不知道」也毫無幫助，還是一樣畫不出圖來。

至於大佛殿以及其他建築物的插畫，則參考了大佛殿院復原模型（東大寺）、平城京復原模型（奈良市），以及福山敏男先生、大岡實先生等人的論文及復原圖。

而且我還想表現工作人員的心情和現場的氣氛，讓插圖更為生動活潑，現在回顧起來才發現，這企圖心讓繪圖工作變得難上加難。

但是乘坐著想像力的翅膀，我讓自己通過時光隧道來到遙遠的天平時代，好像身處於鑄造大佛的宏偉工程現場，用參與工程的心情來描繪，這成就了一個樂趣無窮且難得的經驗。一幅接著一幅，忍不住邊畫邊讚嘆大佛和大佛殿的宏偉規模，更敬佩老祖宗製作大佛的堅忍心、技術力，以及執著不放棄的毅力。

穗積和夫

後記之二

香取忠彥

大佛跟奈良的關係，密切到任何人提起奈良就自然會聯想到東大寺大佛。然而，大佛究竟是如何建造出來的？這個問題就連研究歷史、雕刻、美術史的許多專家也並不清楚。

甚至很多人對於「鑄造」這個詞彙也相當陌生。所以本書先從鑄造的技術解說開頭，綜合前輩和我個人的研究成果，加上一部分推論，以一般人都能理解的方法來說明大佛的製造過程。

對於東大寺大佛的歷史和鑄造過程，向來眾說紛紜，本書站在美術史、技術史的立場，大膽推論出新的想法。有興趣更進一步追究的讀者，可以參考閱讀下列的專門用書：

香取秀真《日本金工史》、《續日本金工史》
荒木宏《技術者看奈良和鎌倉大佛》
前田泰次《東京藝術大學紀要》43年～50年
香取忠彥《東京國立博物館紀要》12號

大佛的蓮花辦上雕刻著如本書所述的圖案，具體表現了佛教的世界形象，簡言之，世界的一切都是相互關聯的，沒有一樣是無用長物。本書印證了這樣的思想，正因為有穗積和夫先生和東大寺各位大德的助力，才成就誕生了這本書。

最後，在此記上我最喜愛的一首和歌作為紀念，這是大佛開眼會的時候，由元興寺獻上的歌：

清淨東山麓，新鑄盧舍那，鮮花
供佛前

【日本經典建築】08

奈良大佛——世界最大的鑄造佛

原著書名——奈良の大仏：世界最大の鋳造仏
原著作者——香取忠彥
繪　　者——穗積和夫
譯　　者——李道道
封面設計——徐璽設計工作室
總 編 輯——郭寶秀
特約編輯——曾淑芳

發 行 人——涂玉雲
出　　版——馬可孛羅文化
台北市信義路二段213號11樓
電話：02-23560933
E-mail：marcopub@cite.com.tw
發　　行——英屬蓋曼群島商家庭傳媒股份有限公司城邦分公司
台北市中山區民生東路二段141號2樓
讀者服務專線：0800-020-299
服務時間：週一至週五9:30-12:00；13:30-17:30
24小時傳真服務：02-25170999
讀者服務信箱E-mail：cs@cite.com.tw
郵撥帳號——19833503英屬蓋曼群島商家庭傳媒股份有限公司城邦分公司
香港發行所——城邦（香港）出版集團有限公司
香港灣仔軒尼詩道235號3樓
E-mail：Fcitehk@hknet.com
馬新發行所——城邦（馬新）出版集團
Cite（M）Sdn.Bhd.（458372U）
11, Jalan 30D/146, Desa Tasik Sungai Besi, 57000 Kuala Lumpur, Malaysia
E-mail：citeKl@cite.com.tw
製版印刷——中原造像股份有限公司
初版一刷——2007年5月
定　　價——450元（如有缺頁或破損請寄回更換）
ISBN：978-986-7247-52-0（精裝）

NIHONJIN WA DONOYONI KENZOBUTSU WO TSUKUTTE KITAKA 2
NARA NO DAIBUTSU –SEKAI SAIDAI NO CHUZOBUTSU
Text copyright © 1981 by Tadahiko KATORI
Illustrations copyright © 1981 by Kazuo HOZUMI
Original Japanese edition published by Soshisha Co., Ltd. in 1981
Traditional Chinese translation rights arranged with Soshisha Co., Ltd.
through Japan Foreign-Rights Centre & Bardon-Chinese Media Agency
Complex Chinese Edition Copyright:
©2007 by Marco Polo Press（A division of Cité Publishing Group）
All Rights Reserved
版權所有　翻印必究

國家圖書館出版品預行編目資料

奈良大佛 ：世界最大的鑄造佛 / 香取忠彥
文；穗積和夫插畫；李道道 譯 -- 初版_-- 臺北市
：馬可孛羅文化出版 ：家庭傳媒城邦分公司發
行，2007〔民96〕
面；　公分_--（日本經典建築；8）
譯自：奈良の大仏 ：世界最大の鋳造仏
ISBN 978-986-7247-52-0(精裝)

1. 佛教　2. 佛教藝術

224.6　　96005721

至.京都
般若寺
奈良街道
聖武天皇陵
川
保
正倉院
二月堂
三月堂
戒壇院
大仏殿
手向山八幡
東大寺
若草山
(三笠山)
奈良女子大
文化会館
地方裁判所
奈良県庁
南大門
依水園
公会堂
きんてつなら
興福寺
南円堂
五重塔
国立博物館
万葉植物園
春日山
飛火野
猿沢池
荒池
奈良ホテル
春日大社
春日若宮
元興寺極楽坊
頭塔
元興寺塔跡
福智院
元興寺小塔跡
新薬師寺
奈良教育大
璉城寺
国立病院
白毫寺
桜井線
至.てんり
至.天理
至.古市
北
西
東
南

東大寺附近的地圖